事例でわかる

障害年金

審査請求・再審査請求の 進め方 と
請求関係書類の 書き方・まとめ方

社会保険労務士　高橋裕典
社会保険労務士　宇代謙治
特定社会保険労務士　佐々木久美子
社会保険労務士　河村泰英

日本法令

は じ め に

　社会保険審査請求制度における障害年金関係の割合はとても多いのが現状です。平成27年度から平成29年度の再審査請求を例にとってみると、受付総件数5,617件に対して国民年金・厚生年金保険の障害年金関係は4,095件となっており、7割を超えています。

　障害年金業務と審査請求・再審査請求は、切っても切り離せない関係になっているといえます。審査請求・再審査請求は、障害年金業務の一部なのです。

　とはいうものの、審査請求・再審査請求をどのように組み立て、どのように書いていけばよいのか、わからないことも多いと思います。裁定請求からかかわった案件が等級非該当で不支給とされた、本人が請求した案件が初診日不明で却下処分となったなど多様な状況に対応していかなければならないわけですが、究極的なポイントはたった一つ、「社会保険審査官や社会保険審査会にどうしたら主張を認めてもらえるか」です。そのために、どんな資料を集め、どのように説明するかを考えていくことになります。

　法律レベルでは、審査請求書・再審査請求書の様式は決まっていますが、どのように書かなければならないのかということは決められていません。つまり、自由に書いてよいのです。一つの事案に対し、企画を立て、その企画書を書き、主張を認めてもらうというクリエイティブな側面を有する業務である一方、ある程度定型化していくことができる業務でもあります。

　本書では、4名の社労士が審査請求書・再審査請求書の作り方についてそれぞれの「型」を披露します。そして、その「型」が、皆様の「型」と融合していくことでさらによい「型」に発展していくことと思います。

　本書が、皆様のお役に立てることを願うと同時に、不当な処分を受けた国民の権利救済につながることを切に願います。

　最後に、本書の発刊にあたりまして、㈱日本法令出版課の吉岡幸子氏と佐々木真子氏には大変お世話になりました。心より御礼申し上げます。

　　　　　　　　　　　　　　　　　　　　　　　　2019年4月　筆者一同

CONTENTS

第1章　審査請求・再審査請求を進めるためのポイント

1. 障害年金の3要件と審査請求・再審査請求の争点 …………………… 6
2. 審査請求書・再審査請求書における論述の基本 ………………………… 7
   - (1) 論述の構成（基本的なパターン） ……………………………………… 7
   - (2) 争点が「障害等級」である場合のポイント ………………………… 7
   - (3) 争点が「初診日」や「相当因果関係」である場合のポイント ……… 7
3. 行政処分とその種類 ……………………………………………………… 8
   - (1) 裁定請求に関する行政処分 …………………………………………… 8
   - (2) 額改定請求に関する行政処分 ………………………………………… 8
   - (3) 障害状態確認届に関する行政処分（「差止」を除く） ……………… 9
   - (4) 行政処分ではないもの（審査請求・再審査請求の対象とならないもの） …… 9
4. 審査請求と再請求の違いを理解する …………………………………… 10
   - (1) 初診日不明で却下処分となった場合 ………………………………… 10
   - (2) 障害認定日請求の場合 ………………………………………………… 10
   - (3) 事後重症請求の場合 …………………………………………………… 10
5. 被用者年金一元化と審査請求・再審査請求の関係 …………………… 11
6. 成年後見人が選任されている場合の審査請求・再審査請求 ………… 11

第2章　審査請求・再審査請求理由の組み立て方・考え方

1. 原処分理由の詳細を知る ………………………………………………… 14
2. 社会保険審査官が収集した資料を知る ………………………………… 15
3. 医師からの意見書等 ……………………………………………………… 18
4. 口頭意見陳述 ……………………………………………………………… 20
5. 争点が障害等級の事案 …………………………………………………… 21
   - (1) 障害認定日時点の診断書がない場合の例 …………………………… 21
   - (2) 提出診断書の記載が不十分で却下処分となった場合の例 ………… 24
   - (3) 不備のない診断書の提出に対しての等級不服の場合 ……………… 24
6. 争点が初診日・相当因果関係等の事案 ………………………………… 25
   - (1) 初診日の証明が不十分として却下された場合 ……………………… 25
   - (2) 相当因果関係が問題となった場合 …………………………………… 25
7. 社会的治癒の法理について ……………………………………………… 26

第3章 事例とポイント解説 —原処分から再審査請求まで—

事例1 初診日（相当因果関係含む）と障害等級が争点の事例 ……… 28
- 事案の概要 ……… 28
- 事案の経過 ……… 28
- 事案の争点 ……… 29
- 受診歴等の整理 ……… 29
- 収集する資料等 ……… 29
- 審査請求 ……… 34
- 審査官の決定書 ……… 40
- 主治医の意見（質問状への回答） ……… 51
- 再審査請求 ……… 52
- 公開審理 ……… 55
- 審査会の裁決書 ……… 57
- ま と め ……… 63

事例2 傷病混在の難病の事例 ……… 64
- 事案の概要 ……… 64
- 本件障害認定における問題点 ……… 64
- 診断書Aの「日常生活動作の障害の程度」 ……… 65
- 診断書Bの「日常生活動作の障害の程度」 ……… 65
- 基本方針、争点等の整理 ……… 70
- 審査請求 ……… 71
- 審査官の決定書 ……… 78
- 再審査請求 ……… 78
- 審査会の裁決（一部容認の裁決） ……… 81
- 社会保険審査会の裁決を受けて ……… 82

第4章 多様な事例からみる審査請求・再審査請求の進め方、書類の書き方のポイント

事例1 障害等級が争点のがんの事例 ……… 84
- 事案の概要 ……… 84
- 事案の経過 ……… 84
- 事案の争点 ……… 85

	審査請求	87
	審査請求決定書の読み方	96
	再審査請求書の作り方	99
	結果とまとめ	109

事例2　初診日・相当因果関係が争点の事例 …… 110

	事案の概要	110
	事案の経過	110
	事案の争点	111
	受診歴等の整理	111
	収集する資料等	111
	審査請求	115
	再審査請求	120
	主治医の意見・理由の変更	123
	まとめ	135

事例3　医師との連携で処分変更となった不整脈の事例 …… 136

	事案の概要	136
	事案の経過	136
	事案の争点	137
	受診歴等の整理	137
	収集する資料等	137
	審査請求の組み立て	148
	主治医の意見	148
	審査請求書および審査請求の理由	151
	結果とまとめ	159

巻末資料　審査請求・再審査請求理由全文（第4章　事例1・2）

	第4章 事例1　審査請求理由全文	162
	第4章 事例1　再審査請求理由全文	166
	第4章 事例2　再審査請求理由全文	172

第1章

審査請求・再審査請求を進めるためのポイント

障害年金の3要件と審査請求・再審査請求の争点

　障害年金は、原則として①初診日（旧法厚生年金は発病日）の要件、②保険料納付の要件および③障害状態の要件を満たしたときに支給されます。

　保険料納付要件については、ほとんど争いが起きませんが、初診日の認定および障害状態の認定については、行政側の人的ミスを含め、請求人と保険者の間に争いが起こることが珍しくありません。

　障害年金の審査請求・再審査請求では、下記の3点が主な争点になります。

- 初診日（または発病日）
- 相当因果関係
- 障害等級

2 審査請求書・再審査請求書における論述の基本

（1） 論述の構成（基本的なパターン）

　審査請求書・再審査請求書は、審査請求・再審査請求理由を明示し、争点を整理して請求人の主張（結論）を論述します。論述の方法は、法令等で決まっているわけではありません。下記のように、①から⑤の順に論述していくと審査請求書・再審査請求書が作成しやすいと思いますので、参考にしてください。

> ① 審査請求・再審査請求の趣旨および理由の明示：簡潔に明示する
> ② 裁定請求から審査請求・再審査請求までの経過：「流れ」を伝える
> ③ 審査請求・再審査請求の争点の整理：障害等級、初診日、相当因果関係など
> ④ 障害認定基準等の判断基準へのあてはめ
> ⑤ 結　論：上記①と同じになる

（2） 争点が「障害等級」である場合のポイント

　まず、診断書、病歴就労状況等申立書から障害状態のポイントを拾い出します。
　さらに、医師による意見書や日常生活状況の追加聴き取り結果を添付し、これらを受けて障害認定基準へあてはめます。

（3） 争点が「初診日」や「相当因果関係」である場合のポイント

　医学的判断を要するものが多いため、まず参考文献等（医学大辞典、専門医療機関発表の情報、関係学会等の資料）を探します。
　また、可能であれば、診断書作成医等に意見書を書いてもらいます。
　さらに、過去の審査請求から類似事例を探し出し、引用できないか検討します。

3 行政処分とその種類

　行政が行った決定のことを、「(行政)処分」といいます。障害年金にかかる行政処分を、下表にまとめました。どの処分がどのような内容なのか理解していないと、審査請求・再審査請求の論点が的外れになってしまうことがあるので要注意です。

(1) 裁定請求に関する行政処分

処分の種類	処分の内容と不服内容など
支給決定処分	裁定請求に対し障害年金の支給を決定する処分。支給決定処分に対する不服は「障害等級」となることが通常。
不支給処分	初診日認定の結果、保険料納付要件を満たさないという不支給もあるが、ほとんどは「障害等級非該当」による。不服は事案により「初診日」、「相当因果関係」、「障害等級」の全部または一部となる。
却下処分	初診日の特定ができない場合や障害状態を判断するための診断書が不十分である場合などに行われる処分で、不服は「初診日」や「障害等級」となることが通常。

(2) 額改定請求（※1、※2）に関する行政処分

処分の種類	処分の内容と不服内容など
増額改定処分	改定請求の結果、上位等級に認定される処分。想定される不服は、3級から2級に改定された者が「1級のはずである」という場合であるが、事案としては少ない。
等級据置処分	改定請求の結果、上位等級への改定が認められなかった場合の処分。額改定請求の決定から将来に向かって1年間は額改定請求ができないため、障害等級に対する決定を不服として審査請求することとなる。
却下処分	改定請求ができる要件を欠くと保険者が判断した場合などに行われる処分であり、特殊な事案である可能性が高いが、審査請求の対象にはなり得る。不服の内容は事案による。

※1：額改定請求は増額改定を求める請求であるため、原則として減額改定は行われないが、万が一減額改定が行われた場合には審査請求の対象になる。
※2：支給停止事由消滅届は額改定請求ではないため、額改定請求のような1年制限はない。等級該当しないとする処分に対しては、審査請求または再度の支給停止事由消滅届のいずれかを検討することとなる。

(3) 障害状態確認届に関する行政処分（「差止」を除く）

処分の種類	処分の内容と不服内容など
等級変更処分（増額・減額）または支給停止処分	増額改定が不服となるケースは、前記額改定請求と同様。減額改定や支給停止処分については、障害等級が不服の内容となる。等級変更があった場合、将来に向かって1年間は額改定請求が制限される。支給停止処分の場合、支給停止事由消滅届は1年間待たずに行うことができる。審査請求をするかどうかは事案ごとに判断を要す。

※等級据え置きの決定は「支給継続の確認」であって、行政処分ではない（次項参照）。

(4) 行政処分ではないもの
　　　（審査請求・再審査請求の対象とならないもの）

　審査請求・再審査請求の前提は、行政処分があることです。つまり、行政処分が存在することが必須であり、何が行政処分で、何が行政処分でないのかを把握しておかなければなりません。

●審査請求・再審査請求の対象とならないものの例

一般的な事項	① 処分（決定）の行われていないもの ② 陳情、要請（要望）に関するもの ③ 不明点についての回答や調査を求めるもの ④ 現行の法律や政令・省令等に対する不服 ⑤ 保険者の対応（説明の誤り、説明不足を含む）への不服 ⑥ 保険者の不作為によるもの
障害年金関係	① 次回診断書の提出年月に関すること ② 障害給付にかかる診断書の記載内容に対する不服 ③ 障害状態確認届による等級変更がないことに対する不服 ④ 遡及請求における現症診断書の認定結果が障害認定日時点の障害等級と同じであることに対する不服

※上表は、関東信越厚生局のホームページを参考に筆者が加筆修正して作成。

審査請求と再請求の違いを理解する

　審査請求は、「原処分に対する不服申立」です。つまり、裁定請求や等級診査（額改定請求や障害状態確認届）にかかる保険者の処分の妥当性を争うわけです。
　したがって、新たな事実が判明した場合や障害状態が変化した場合は、審査請求ではなく再請求を検討することになります。

（1）　初診日不明で却下処分となった場合

　　基本的には審査請求事案ですが、新たに初診日と思われる日が判明した場合には、再請求を検討します。

（2）　障害認定日請求の場合

　　障害認定日の状態は、過去の事実であり、その当時の病状が変わることはあり得ません。よって、障害認定日請求にかかる不服は、審査請求で争うべきものになります。
　　ただし、何らかの事情で障害認定日時点の診断書の内容が訂正等されるのであれば、再度、障害認定日による裁定請求が行える可能性がありますので、検討してみましょう。

（3）　事後重症請求の場合

①　事後重症で決定された等級に不服がある場合

　　受給権発生日から1年経過しないと額改定請求ができないため、審査請求で争うべきものとなります。

②　不支給（等級不該当）決定の場合

　　当初の裁定請求で等級該当を主張するならば、審査請求をします。
　　原処分妥当と思われるならば、事後重症で再請求をします。なお、この場合、1年制限はありません。

5 被用者年金一元化と審査請求・再審査請求の関係

　厚生労働大臣が行った障害厚生年金に関する処分については、「国民年金法」、「厚生年金保険法」および「社会保険審査官及び社会保険審査会法」（以下「官会法」という）による審査請求となります。
　また、共済組合が行った障害厚生年金に関する処分については、各共済組合法に基づく審査請求となります。

6 成年後見人が選任されている場合の審査請求・再審査請求

　たとえば、Aさんの成年後見人にBさんが選任されている場合、審査請求人・再審査請求人は、「A成年後見人B」となります。この場合、成年後見人であることがわかる書類（写しで可）を添付資料として提出する必要があります。

第2章

審査請求・再審査請求理由の組み立て方・考え方

原処分理由の詳細を知る

　審査請求・再審査請求をするにあたっては、まず、原処分がどのような理由で行われたのかを知ることが重要です。原処分理由は、処分通知に記載されていますが、それだけではわからないことが多いので、障害状態認定調書（または障害状態認定表）の開示請求を行うことが一般的です。

　当該開示請求は、厚生労働大臣（窓口は厚生労働省大臣官房総務課情報公開文書室）宛てに行います。

　なお、審査請求・再審査請求期限との関係で、開示請求をする時間的余裕がない場合には、年金事務所窓口にて、原処分の内容詳細を口頭で教えてもらうこともできます。

※　個人情報開示請求書の記入例は、16ページを参照してください。
※　開示請求の方法や流れは、下記ＵＲＬを参照してください。
　　http://www.mhlw.go.jp/jouhou/hogo05/index.html
※　障害状態認定調書（障害状態認定表）は、17ページを参照してください。

社会保険審査官が収集した資料を知る

　社会保険審査官は、決定書を作成するために、資料収集を行います。原処分を行った保険者から意見書や資料を受け取るだけでなく、独自に医師に照会をすることもあります。

　官会法第11条の3によって、決定までの間に、資料の閲覧請求をすることができるとされています。この制度を利用して、社会保険審査官の手元にある資料を知り、再審査請求に向けた準備を進めていくことも有益です。

　資料の閲覧請求については、担当の社会保険審査官に連絡をして、その指示に従ってください。

● 保有個人情報開示請求書

〈標準様式第1号①〉 開示請求書

保有個人情報開示請求書

平成30年11月1日

厚生労働大臣　殿
（行政機関の長）

氏名（ふりがな）　年金　太郎（ねん　きん　た　ろう）

住所又は居所
〒○○○-○○○○
東京都中央区○○町○丁目○番○号　TEL ○○○(○○○○)○○○○

行政機関の保有する個人情報の保護に関する法律（平成15年法律第58号）第13条第1項の規定に基づき、下記のとおり保有個人情報の開示を請求します。

記

1　開示を請求する保有個人情報（具体的に記載してください。）

> 平成○年○月○日付年金請求書（国民年金・厚生年金保険障害給付）の裁定請求に係る障害状態認定調書（障害状態認定表）　基礎年金番号：2111-987123

2　求める開示の実施方法等（本欄の記載は任意です。）
　　ア又はイに○印を付けてください。アを選択した場合は、実施の方法及び希望日を記載してください。

> ア　事務所における開示の実施を希望する。
> 　〈実施の方法〉　□閲覧　　□写しの交付　　□その他（　　　　　　　　　　）
> 　〈実施の希望日〉　平成　　　年　　　月　　　日
> ㋑　写しの送付を希望する。

3　手数料

手数料 （1件300円）	ここに収入印紙を貼ってください。	（請求受付印）

4　本人確認等

> ア　開示請求者　　☑本人　　□法定代理人
> イ　請求者本人確認書類（請求者本人の氏名及び現住所の記載のあるもの）
> 　□運転免許証　　　□健康保険被保険者証
> 　□個人番号カード又は住民基本台帳カード（住所記載のあるもの）
> 　□在留カード、特別永住者証明書又は特別永住者証明書とみなされる外国人登録証明書
> 　□その他（　　　　　　　　　　　）
> 　※　請求書を送付して請求をする場合には、加えて住民票の写し（開示請求日以前30日以内に市区町村から交付されたもの）を添付してください。
> ウ　本人状況等（法定代理人が請求する場合にのみ記載してください。）
> 　（ア）本人の状況　　□未成年者（　　　年　　月　　日生）　□成年被後見人
> 　（イ）本人の氏名（ふりがな）
> 　（ウ）本人の住所又は居所
> エ　法定代理人が請求する場合、次のいずれかの書類を提示又は提出してください。
> 　請求資格確認書類　　□戸籍謄本（未成年者の場合）　　□登記事項証明書（成年被後見人の場合）
> 　　　　　　　　　　□その他（　　　　　　　　　　　）

●障害状態認定表

				担当者	

新法	他	障害状態認定表 (新規裁定用)	医療専門印	認定医員印

診断書

傷病名	膵癌	初診年月日	平成27年09月04日

未経過分		人工臓器装着日1 (年 月 日)
		人工臓器名1 ( )
(障害認定日)	(平成29年03月04日)	人工臓器装着日2 (年 月 日)
障害認定日分	平成29年05月22日	人工臓器名2 ( )
		人 工 肛 門 (年 月 日)
障害認定日以降分	年 月 日	尿 路 変 更 日 (年 月 日)
		※人工肛門・尿路変更は6ヶ月を経過した日が認定日
事後重症請求分		喉 頭 全 摘 日 (年 月 日)
		離 切 断 日 (年 月 日)
(基準傷病の現症年月日)	(年 月 日)	創 面 治 ゆ 日 (年 月 日)
初めて2級該当日分	年 月 日	人工透析開始日 (年 月 日)
		※人工透析は3ヶ月を経過した日が認定日
		常時在宅酸素開始日 (年 月 日)

事務連絡

※ 膵癌の発症時期について受証を整備しました。お手数ですが、再度認定をお願いいたします。

事務連絡有

認定結果

a 国年令別表・厚年令別表第1の	1.オージオメーターによる聴力検査 (年 月 日)
1級 ・ 2級 ・ 3級	2.最良語音明瞭度 (年 月 日)
b 厚年令別表第2(障害手当金)の	号該当 3.心電図 (年 月 日)
	4.レントゲン撮影 (年 月 日)
ⓒ 国年令別表・厚年令別表第1及び第2に該当しない	5.視力・視野検査 (年 月 日)
	6.日常生活状況調査
症状固定状況	永久 5年 4年 3年 2年 1年 未固定	7.その他(具体的に記入してください)

理由及び摘要

(障害の程度の評価等)

るいそうなし 貧血なし 区分イ

受給権発生日	障害認定日	裁定請求日	初2(1)	年 月 日
傷病名コード	1 2 3 4 5 6 7 8 9 10 11 12 13 14 16 17 18 19 20 21 22 23 24 25 26 27			
診断書コード	1.永固 2 呼吸器 3 循環器 4 聴力・口腔 5 眼 6 肢体 7 精神 8 腎・肝・糖 9 血液・造血器・その他			診断書コード追加
改定等	年 月 日	1級・2級・3級・不該当	号 永・年・未	

3 医師からの意見書等

　医師からの意見書等は、医学的な裏付けをもって、請求人の主張を展開する際には最強の資料となります。文章で書いてもらうのもよいですが、Ｙｅｓ／Ｎｏ形式や質問形式にするほうが、審査請求・再審査請求時の添付資料としては適しています。
　第３章で解説する事例１において使用した医師への質問状を次ページに掲載しますので、参考にしてみてください。

● 医師への質問状

　私、日本橋花子は、代理人を立て、現在、障害年金の審査請求手続きを行っています。その手続きにおいて必要ですので、下記質問事項について先生のお考えをお教えください。

質問1
　私の病状は、平成8年頃（発病時期）から現在に至るまでの間で、治癒（治療や服薬の必要がない状態）したと考えられる期間はありますか？

　質問1に対するご回答（下記に○をつけてください）
　　1．治癒した期間はない　もしくは　ないと思われる
　　2．治癒した期間がある

質問2
　私の平成8年頃の病状と現在の病状に医学的な因果関係はありますか？

　質問2に対するご回答（下記に○をつけてください）
　　1．相当因果関係がある　もしくは　あると思われる
　　2．相当因果関係はない

署名・捺印をお願いします。

　平成　　年　　月　　日
　　　医療機関名および所在地
　　　医師の氏名　　　　　　　　㊞

口頭意見陳述

　審査請求時と再審査請求時のいずれにも口頭意見陳述の場面があります。
　再審査請求時と比べて、審査請求時の口頭意見陳述のほうが時間は長くとってもらえます。しかし、質問をしても保険者側からは回答らしい回答はほぼなく、むしろ、請求人側の主張を聞いて、再審査請求の際にその反論や反証を検討している側面があります。
　審査請求時の口頭意見陳述は「希望しない」という選択もあります。

争点が障害等級の事案

争点が障害等級となる場合、以下の（1）～（3）のいずれかのパターンになります。容認や処分変更となった事案をヒントにし、審査請求・再審査請求の組立を考えてみてください。

（1） 障害認定日時点の診断書がない場合の例

① 知的障害で20歳時点の診断書がない請求

通達では、現在の状態から20歳時点の状態が推定できれば認定可能としていますが、原処分ではなかなか認定されないのが現状です。しかし、審査請求・再審査請求では認められることもあります。どんな資料が揃えられるかは、事案ごとに異なると思いますが、障害認定日の状態を推定することができる資料を可能な限り集めましょう。

＜事案の概要と結果＞原処分は却下、審査請求は棄却、再審査請求で2級容認
- 裁定請求時50歳代男性、中等度知的障害
- 24歳で療育手帳取得、20歳時点の診断書なし
- 20歳頃の日常生活の様子を親族1名と近所に住む友人から聴き取り、その内容をまとめた書面を作成
- 開示請求した療育手帳取得時の資料を添付

＜裁決文抜粋＞

…傷病による障害の程度が時間の経過にかかわらず変化しないことが、医学的な観点から見て明らかな場合に限っては、障害の程度を認定すべき時期における障害の状態を明らかにする診断書等の資料が提出されていなくとも、その時期に近接する時期における障害の状態を明らかにする診断書等の資料により、障害の程度を認定すべき時期における障害の程度を認定することが許されないとすることが、当該事案において認められる諸般の事情を考慮すると、著しく相当性を欠くといえる場合もあるといえよう。

② 障害認定日以後3か月以内の受診がない統合失調症での請求

障害認定日時点の診断書がないという理由だけで機械的に行われた却下処分の正当性を争ったものです。障害認定日に近い医証があれば客観的な状態の証明は可能であり、それをどう展開するかがポイントです。

却下処分に対しては、二段論法（①認定可能である→②認定可能なので何級である）を使います。

＜事案の概要と結果＞原処分は却下、審査請求は棄却、再審査請求前に処分変更

- 障害認定日を挟み込む2枚の診断書と請求日時点の診断書を提出、事後重症分のみ2級認定された
- 3枚の診断書比較（図表の説明は視覚的にわかりやすい）と統合失調症の病気の特徴を主張することで処分変更

＜審査請求理由の抜粋＞

> ２．本件審査請求にかかる争点と請求人の主張
>
> 　本件請求は、障害認定日時点（平成14年2月23日及び同日後3か月以内）の障害状態を証明する診断書を必要とするが、提出した診断書の現症日は、平成13年11月14日（資料1－2）及び平成14年7月22日（資料1－3）である。本来提出すべき現症日の診断書が提出できなかった理由は後述（「4．」参照）するが、障害認定日前後の現症日の診断書（資料1－2及び資料1－3）及び請求日時点の診断書（資料1－4）によって、障害認定日時点の障害状態の認定は十分に可能であり、かつ障害等級は2級に該当していると考えるのが妥当である。
>
> ＜概要図＞
>
>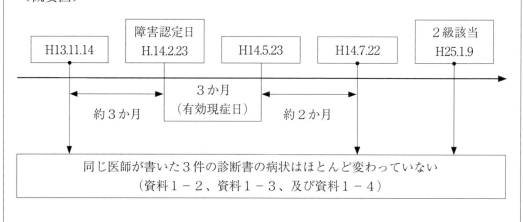

3．提出した3件の診断書の病状（障害状態）の比較

比較項目／現症日	H13.11.14現症	H14.7.22現症	H25.1.9現症
病状または状態像 （診断書⑩ア欄）	・思考形式の障害 ・自閉 ・感情鈍麻	・思考形式の障害 ・自閉 ・感情鈍麻	・思考形式の障害 ・自閉 ・感情鈍麻 ・妄想
日常生活能力の判定 （診断書⑩ウ2欄）	3件の診断書とも「全7項目が左から3番目」の評価 （「（自発的にはできないが）助言や指導があればできる」レベル）		
日常生活能力の程度 （診断書⑩ウ3欄）	3件の診断書とも「（4）精神障害を認め、日常生活における身のまわりのことも、多くの援助が必要である」の評価		
障害の程度（等級）	保険者の評価は不明であるが、H25.1.9現症の診断書と同程度であるため、2級相当の認定が妥当である。		2級該当

4．請求人の病歴経過及び障害認定日時点病状

1）受診状況等証明書（資料1-1）、3件の診断書（資料1-2、資料1-3及び資料1-4）及び病歴状況等申立書（国民年金用）によれば、請求人はその疾病（統合失調症）の特性の一つである「病識の欠如」により服薬や通院を自己中断してしまうことが多々あることが確認できる。

2）本件請求に関していえば、ちょうど障害認定日の頃に自己中断があったため、診断書の取得ができなかったものである。

3）しかし、「自己中断」があったということは、換言すると、病状が改善したわけではなく、むしろ病状が悪化していたということである。

4）そこで、障害認定日頃の請求人の日常生活の様子を病歴状況等申立書（国民年金用）で確認すると、「妄想、暴言、拒食、自閉」等の症状により、周囲とのトラブルを引き起こし、さらには家族の介助も困難を極めていることがわかる。

5）なお、このような病状は、入院による一時的な軽快はあるものの不変・不可逆的であり、予後不良で現在に至っている。

5．結論（求める処分決定の内容）

　前記2．～4．より総合的に判断すると、請求人の障害認定日時点の障害状態の認定については十分な資料が揃っており、かつその障害等級は2級（16号）に該当する程度であるといえる。なお、平成25年1月9日現症の診断書（資料1-4）による障害の程度が2級に認定されていることについては、異議はない。

（2） 提出診断書の記載が不十分で却下処分となった場合の例

　　難病等の場合、診断書の内容が不十分な記載になってしまうことがあります。医学的に不明な点が多いことがその主な要因です。

　　しかし、できる限りの資料や文献を集めて裁定請求を行うことで、障害年金の決定につながることがあります。

＜事案の概要と結果＞ 原処分は却下、審査請求は棄却、再審査請求で３級容認

- 裁定請求時30歳代女性、線維筋痛症、事後重症で３級認定済み
- 病名未確定の障害認定日請求を行った、添付資料は医学文献のみ
  事後重症を先に通しているのが大きなポイントとなった

＜裁決文抜粋＞

> …線維筋痛症という、まだ十分に解明されていない疾患である場合、診断書における記載内容が不十分となるのはやむを得ない面があり、その事情を考慮して、当該傷病の性質や病態、考えられる症状の経過等により補って障害の状態を判断するのが相当である。

（3） 不備のない診断書の提出に対しての等級不服の場合

　　純粋な等級認定の争いです。障害認定基準に照らした主張の展開をすることになりますが、必要に応じて医師の補足意見等をもらいます。また、同じくらいの病状の認定例を引用して、主張を展開することも有効です。

争点が初診日・相当因果関係等の事案

(1) 初診日の証明が不十分として却下された場合

　最も困難性が高い審査請求・再審査請求になります。提出された資料や補足資料で請求人の主張立証が可能か再検討する必要があります。場合によっては、別の初診日を主張することも考えます。

　たとえば、初診日認定される可能性がある日が2つある場合、いずれの初診日でも支給される障害年金の種類や受給権発生日が変わらないのであれば、「初診日はいずれでもよいので認めてほしい」という審査請求理由で進めることも可能です。

　なお、事後に、初診日となる別の日が判明した場合には、再度、裁定請求を行うことになります。

(2) 相当因果関係が問題となった場合

　相当因果関係があるのかないのかによって、初診日が変わります。事案によって、相当因果関係を主張したいのかしたくないのかが分かれます。

　第3章の2つの事例では、医師への質問状または診断書備考欄にて、医学的な所見を伝えるようにしています。相当因果関係が問題となる場合には、医学的な所見や医学文献が必須です。

社会的治癒の法理について

　社会的治癒の法理とは、医学的には治癒したわけではないが、症状が安定して特段の療養の必要がなく、長期的に自覚症状や他覚症状に異常が見られず、普通に生活や就労ができている期間がある場合に、障害年金上の初診日を、再度症状が現れ受診した日とする考え方のことです。

　社会的治癒の法理は、請求人側が有利になるように考案されたものであるため、保険者側が受給権を否定するための論拠とすることは禁じられています。審査請求・再審査請求時には、よく使うフレーズです（53ページ参照）。

第3章

事例とポイント解説

― 原処分から再審査請求まで ―

　本章では、2つの事例を使って実務の流れや審査請求方針の立て方・書類の書き方等について解説します。原処分から再審査請求まで、一連の流れを紹介します。

事例 1　初診日（相当因果関係含む）と障害等級が争点の事例

事案の概要

1 ）　請求人は、日本橋花子（昭和54年11月26日生）。両親と同居。
2 ）　平成24年 1 月に、日本橋花子の両親が20歳前初診にて裁定請求。
3 ）　初診日の認定が20歳前（平成 8 年）ではなく20歳後（平成14年）と認定されたことで、保険料納付要件を満たせず不支給決定。
4 ）　審査請求および再審査請求はともに「棄却」。
　　　ただし、裁決において初診日が20歳前であることが認定された。
5 ）　20歳前障害基礎年金の事後重症で再請求し、 2 級に認定された。

事案の経過

平成24年　 1 月：請求人の両親が裁定請求（高井戸年金事務所）
　（平成24年 2 月に足立病院の受診状況等証明書を追加提出）
平成24年　 4 月：不支給決定（保険料納付要件満たさず）
　（原処分のあったことを知った日：平成24年 4 月28日）
平成24年　 6 月：審査請求書を厚生局へ郵送提出
平成24年　 8 月：審査請求棄却決定（原処分と同一理由）
平成24年　10月：再審査請求書を審査会へ郵送提出
　（平成25年 1 月に公開審理の通知あり。代理人出席で回答）
平成25年　 3 月：審査会公開審理（請求人：欠席、代理人：出席）
平成25年　 4 月：再審査請求棄却裁決
平成25年　 7 月：事後重症請求にて裁定請求（20歳前障害）
平成25年　 8 月：障害基礎年金 2 級決定

事案の争点

争点1：初診日は20歳前か20歳後か（相当因果関係、社会的治癒）
争点2：障害等級は2級以上に該当しているか（等級認定）

平成14年7月11日を初診日とすると保険料納付要件を満たすことができないため、初診日が平成8年5月10日で認定されるために何をすべきかを考えることが最大のポイントです。初診日が20歳前に認定されれば、その後、事後重症請求の権利は残すことができます。

争点が複数ある場合、優先すべき争点が何かという視点も必要です。

受診歴等の整理

① 昭和54年11月26日　出生
② 平成　8年　5月10日　港病院　　：初診（神経症）
　　平成　8年　5月10日　同上　　　：終診
③ （受診していない期間）
④ 平成11年11月25日　20歳到達
⑤ （受診していない期間）
⑥ 平成14年　7月11日　足立病院　：初診（抑うつ状態）
　　平成15年　9月10日　同上　　　：終診
⑦ 平成15年　9月15日　荒川病院　：初診（統合失調症）
　　平成23年　12月頃　同上　　　：終診
⑧ 平成24年　1月7日　千代田病院　：初診（妄想性障害）通院中

収集する資料等

平成8年から現在までの病状が一連のものであることを立証するためには、関係する（または関係のありそうな）傷病の資料を収集しなければなりません。医学事典やインターネットから引用することが多いです。

本件では、請求傷病および関連傷病の情報と主治医への質問状で対応しましたが、他にもいろいろな選択肢が考えられるのではないかと思います。

● **受診状況等証明書（港病院）**

年金等の請求用

障害年金等の請求を行うとき、その障害の原因又は誘因となった傷病で初めて受診した医療機関の初診日を明らかにすることが必要です。そのために使用する証明書です。

受 診 状 況 等 証 明 書

① 氏　　　　　　名　　日本橋花子
② 傷　　病　　名　　神経症
③ 発 病 年 月 日　　昭和・㊵平成　7 年 12 月　　日
④ 傷病の原因又は誘因　　不詳
⑤ 発病から初診までの経過

　　前医からの紹介状はありますか。⇒　　有　　㊵無　（有の場合はコピーの添付をお願いします。）

　　平成7年頃から過食嘔吐を繰り返すようになり、そのため、平成8年
　　5月10日港病院受診。

※診療録に前医受診の記載がある場合　　①　初診時の診療録より記載したものです。
　右の該当する番号に〇印をつけてください　　2　昭和・平成　　年　　月　　日の診療録より記載したものです。

⑥ 初診年月日　昭和・㊵平成　8 年　5 月　10 日
⑦ 終診年月日　昭和・㊵平成　8 年　5 月　10 日　（初診年月日と同じ）
⑧ 終診時の転帰（ 治癒・転医・㊵中止 ）
⑨ 初診から終診までの治療内容及び経過の概要

　　摂食障害の範疇の疾患と判断し、薬物療法および精神療法施行するも、
　　結局1回のみで中断となった。（略）

⑩ 次の該当する番号（1〜4）に〇印をつけてください。
　　複数に〇をつけた場合は、それぞれに基づく記載内容の範囲がわかるように余白に記載してください。
　　上記の記載は　①　診療録より記載したものです。
　　　　　　　　　2　受診受付簿、入院記録より記載したものです。
　　　　　　　　　3　その他（　　　　　　　　　　）より記載したものです。
　　　　　　　　　4　昭和・平成　　年　　月　　日の本人の申し立てによるものです。

⑪ 平成 23 年 12 月 26 日

　　医療機関名　港病院　　　　　　　診療担当科名　精神科
　　所　在　地　東京都〇〇…　　　　医師氏名　山田浩二　㊞

　　提出先）日本年金機構　　　　　　　　　　　　　　　　　（裏面もご覧ください。）

● 受診状況等証明書（足立病院）

年金等の請求用

障害年金等の請求を行うとき、その障害の原因又は誘因となった傷病で初めて受診した医療機関の初診日を明らかにすることが必要です。そのために使用する証明書です。

受 診 状 況 等 証 明 書

① 氏　　　　名　　日本橋花子
② 傷　病　　名　　抑うつ状態
③ 発病年月日　　昭和・㊍14年 4月 頃 日
④ 傷病の原因又は誘因　　不詳
⑤ 発病から初診までの経過
　　前医からの紹介状はありますか。⇒　有　㊺　（有の場合はコピーの添付をお願いします。）

　　（略）

※診療録に前医受診の記載がある場合　　①　初診時の診療録より記載したものです。
　右の該当する番号に○印をつけてください　2　昭和・平成　年　月　日の診療録より記載したものです。

⑥ 初診年月日　昭和・㊍14年 7月 11日
⑦ 終診年月日　昭和・㊍15年 9月 10日
⑧ 終診時の転帰（治癒・転医・㊥止）
⑨ 初診から終診までの治療内容及び経過の概要

　　（略）

⑩ 次の該当する番号（1～4）に○印をつけてください。
　　複数に○をつけた場合は、それぞれに基づく記載内容の範囲がわかるように余白に記載してください。
　　上記の記載は　①　診療録より記載したものです。
　　　　　　　　　2　受診受付簿、入院記録より記載したものです。
　　　　　　　　　3　その他（　　　　　　　　　　）より記載したものです。
　　　　　　　　　4　昭和・平成　年　月　日の本人の申し立てによるものです。

⑪ 平成 24年 2月 27日
　医療機関名　足立病院　　　　　診療担当科名　精神科
　所　在　地　東京都○○…　　　医師氏名　朝田　学　㊞
　提出先）日本年金機構　　　　　　　　　　　　（裏面もご覧ください。）

● 診断書(千代田病院)

診断書(精神の障害用)

国民年金 / 厚生年金保険　様式第120号の4

| 氏名 | ニホンバシ ハナコ 日本橋 花子 | 生年月日 | 昭和54年11月26日生 (歳) | 性別 | 男・⊛ |

住所 104-0045　東京都　中央区　築地○-○-○

| ① 障害の原因となった傷病名 | 妄想性障害 ICD-10コード(F22) | ② 傷病の発生年月日 | 平成8年頃月日 本人の申立 | 本人の発病時の職業 | 無職 |
| | | ③ ①のため初めて医師の診療を受けた日 | 平成8年5月10日 本人の申立 | ④ 既存障害 | なし |

⑥ 傷病が治った(症状が固定した状態を含む。)かどうか。　平成24年1月頃　症状のよくなる見込・・・有・無・不明　既往症　なし

⑦ 発病から現在までの病歴及び治療の経過、内容、就学・就労状況等、期間、その他参考となる事項

陳述者の氏名　日本橋花子　請求人との続柄　本人　聴取年月日　平成24年1月7日

平成7年頃より過食嘔吐ならびに悪口を言われているという被害妄想を認めていた。徐々に上記症状が増強し、平成8年5月10日に港病院を初診。(略)

⑧ 診断書作成医療機関における初診時所見
診察年月日　平成24年1月7日

(略)

これまでの発育・養育歴等(出生から発育の状況や教育歴及びこれまでの職歴をできるだけ詳しく記入してください。)

ア 発育・養育歴	イ 教育歴	ウ 職歴
特記すべき所見はなし	乳児期 不就学・就学猶予 小学校 普通学級・特別支援学級・特別支援学校 中学校 普通学級・特別支援学級・特別支援学校 高校 普通学級・特別支援学級 中退	短期のアルバイトをしたことがある

エ 治療歴(書ききれない場合は⑬「備考」欄に記入してください。)　(※ 同一医療機関の入院・外来は分けて記入してください。)

医療機関名	治療期間	入院・外来	病名	主な療法	転帰(軽快・悪化・不変)
港病院	H8年5月〜H8年5月	入院・外来	神経症	薬物療法	不変
足立病院	H14年7月〜H15年9月	入院・外来	妄想性障害	〃	〃
荒川病院	H15年9月〜H23年12月	入院・外来	統合失調症	〃	軽快
千代田病院	H24年1月〜現年在月	入院・外来	妄想性障害	薬物療法・精神療法	不変
	年月〜年月	入院・外来			

⑩ 障害の状態　(平成24年1月21日　現症)

ア 現在の病状又は状態像(該当のローマ数字、英字字を○で囲んでください。)　　イ 左記の状態について、その程度・症状・処方薬等を具体的に記載してください。

前回の診断書の記載時との比較(前回の診断書を作成している場合は記入してください。)
1 変化なし　2 改善している　3 悪化している　4 不明

I 抑うつ状態
① 思考・運動制止　2 刺激性、興奮　③ 憂うつ気分
4 自殺企図　5 希死念慮
6 その他 (　　　　　　　　　　　　　　　　)

II そう状態
1 行為心迫　2 多弁・多動　3 気分(感情)の異常な高揚・刺激性
4 観念奔逸　5 易怒性・被刺激性亢進　6 誇大妄想
7 その他 (　　　　　　　　　　　　　　　　)

III 幻覚妄想状態等
1 幻覚　② 妄想　3 させられ体験　4 思考形式の障害
5 著しい奇異行為　6 その他 (　　　　　　　　　　)

IV 精神運動興奮状態及び昏迷の状態
1 興奮　2 昏迷　3 拒絶・拒食　4 緘黙思考
5 衝動行為　6 自傷　7 無動・無反応
8 その他 (　　　　　　　　　　　　　　　　)

V 統合失調症等残遺状態
1 自閉　2 感情の平板化　3 意欲の減退
4 その他 (　　　　　　　　　　　　　　　　)

VI 意識障害・てんかん
1 意識混濁　2 (夜間)せん妄　3 もうろう　4 錯乱
5 てんかん発作　6 不機嫌症　7 その他 (　　　)
・てんかん発作の状態 ※発作のタイプは記入上の注意参照
1 てんかん発作のタイプ (A・B・C・D)
2 てんかん発作の頻度(年間　回,月平均　回,週平均　回 程度)

VII 知能障害等
1 知的障害　ア 軽度　イ 中等度　ウ 重度　エ 最重度
2 認知症　ア 軽度　イ 中等度　ウ 重度　エ 最重度
3 高次脳機能障害
ア 失行　イ 失認
ウ 記憶障害　エ 注意障害　オ 遂行機能障害　カ 社会的行動障害
4 学習障害　ア 読み　イ 書き　ウ 計算　エ その他 (　　)
5 その他 (　　　　　　　　　　　　　　　　)

VIII 発達障害関連症状
1 相互的な社会関係の質的な障害　2 言語コミュニケーションの障害
3 限定した常同的で反復的な関心と行動　4 その他 (　　　)

IX 人格変化
1 欠陥状態　2 無関心　3 無為
4 その他症状等 (　　　　　　　　　　　　　　　　)

X 乱用、依存等(薬物等名:　　　　　　　　　　　　　　　)
1 乱用　2 依存

XI その他 [　　　　　　　　　　　　　　　　　　　　　]

環境要因をきっかけに抑うつ気分、億劫、意欲低下を呈することが多く、支持的精神療法ならびに心理士の専門的カウンセリングを要する。
被害妄想に関しても心理士の専門的カウンセリングならびに抗精神薬による加療を要する。

本人の障害の程度及び状態に無関係な欄には記入する必要はありません。(無関係な欄は、斜線により抹消してください。)

ウ 日常生活状況

1 家庭及び社会生活についての具体的な状況
(ア) 現在の生活環境（該当するもの一つを○で囲んでください。）
　入院　・　入所　・　㊥宅　・　その他（　　　　）
　　（施設名　　　　　　　　　　　　　　）
　同居者の有無　（㊒　・　無）

(イ) 全般的状況（家族及び家族以外の者との対人関係についても具体的に記入してください。）

［両親と同居しており、家族との関係は良好であるが、周囲との交流はない］

2 日常生活能力の判定（該当するものにチェックしてください。）
（判断にあたっては、単身で生活するとしたら可能かどうかで判断してください。）

(1) 適切な食事―配膳などの準備も含めて適当量をバランスよく摂ることがほぼできるなど。
□できる　☑自発的にできるが時には助言や指導を必要とする　□自発的かつ適正に行うことはできないが助言や指導があればできる　□助言や指導をしてもできない若しくは行わない

(2) 身辺の清潔保持―洗面、洗髪、入浴等の身体の衛生保持や着替え等ができる。また、自室の掃除や片付けができるなど。
□できる　☑自発的にできるが時には助言や指導を必要とする　□自発的かつ適正に行うことはできないが助言や指導があればできる　□助言や指導をしてもできない若しくは行わない

(3) 金銭管理と買い物―金銭を独力で適切に管理し、やりくりがほぼできる。また、一人で買い物が可能であり、計画的な買い物がほぼできるなど。
□できる　□には助言や指導を必要とする　☑助言や指導があればできる　□助言や指導をしてもできない若しくは行わない

(4) 通院と服薬（㊐・不要）―規則的に通院や服薬を行い、病状等を主治医に伝えることができるなど。
□できる　□おおむねできるが時には助言や指導を必要とする　☑助言や指導があればできる　□助言や指導をしてもできない若しくは行わない

(5) 他人との意思伝達及び対人関係―他人の話を聞く、自分の意思を相手に伝える、集団的行動が行えるなど。
□できる　□おおむねできるが時には助言や指導を必要とする　☑助言や指導があればできる　□助言や指導をしてもできない若しくは行わない

(6) 身辺の安全保持及び危機対応―事故等の危険から身を守る能力がある、通常と異なる事態となった時に他人に援助を求めるなどを含めて、適正に対応することができるなど。
□できる　□おおむねできるが時には助言や指導を必要とする　☑助言や指導があればできる　□助言や指導をしてもできない若しくは行わない

(7) 社会性―銀行での金銭の出し入れや公共施設等の利用が一人で可能。また、社会生活に必要な手続きが行えるなど。
□できる　□おおむねできるが時には助言や指導を必要とする　☑助言や指導があればできる　□助言や指導をしてもできない若しくは行わない

3 日常生活能力の程度（該当するもの一つを○で囲んでください。）
※日常生活能力の程度を記載する際には、状態をもっとも適切に記載できる（精神障害）又は（知的障害）のどちらかを使用してください。

（精神障害）
(1) 精神障害（病的体験・残遺症状・認知障害・性格変化等）を認めるが、社会生活は普通にできる。

(2) 精神障害を認め、家庭内での日常生活は普通にできるが、社会生活には、援助が必要である。
（たとえば、日常的な家事をこなすことはできるが、状況や手順が変化したりすると困難を生じることがある。社会行動や自発的な行動が適切に出来ないこともある。金銭管理はおおむねできる場合など。）

㊂ 精神障害を認め、家庭内での単純な日常生活はできるが、時に応じて援助が必要である。
（たとえば、習慣化した外出はできるが、家事をこなすために助言や指導を必要とする。社会的な対人交流は乏しく、自発的な行動に困難がある。金銭管理が困難な場合など。）

(4) 精神障害を認め、日常生活における身のまわりのことも、多くの援助が必要である。
（たとえば、著しく適正を欠く行動が見受けられる。自発的な発言が少ない、あっても発言内容が不適切であったり不明瞭であったりする。金銭管理ができない場合など。）

(5) 精神障害を認め、身のまわりのこともほとんどできないため、常時の援助が必要である。
（たとえば、家庭内生活においても、食事や身のまわりのことを自発的にすることができない。また、在宅の場合に通院等の外出には、付き添いが必要な場合など。）

（知的障害）
(1) 知的障害を認めるが、社会生活は普通にできる。

(2) 知的障害を認め、家庭内での日常生活は普通にできるが、社会生活には、援助が必要である。
（たとえば、簡単な漢字は読み書きができ、会話も意思の疎通が可能であるが、抽象的なことは難しい。身辺生活も一人でできる程度）

(3) 知的障害を認め、家庭内での単純な日常生活はできるが、時に応じて援助が必要である。
（たとえば、ごく簡単な読み書きや計算はでき、指示などがあれば作業は可能である。具体的指示があれば理解ができ、身辺生活についてもおおむね一人でできる程度）

(4) 知的障害を認め、日常生活における身のまわりのことも、多くの援助が必要である。
（たとえば、簡単な文字や数字を理解でき、保護的環境であれば単純作業は可能である。習慣化していることであれば言葉での指示を理解し、身辺生活についても部分的にできる程度）

(5) 知的障害を認め、身のまわりのこともほとんどできないため、常時の援助が必要である。
（たとえば、文字や数の理解力がほとんど無く、簡単な手伝いもできない。言葉による意思の疎通がほとんど不可能であり、身辺生活の処理も一人ではできない程度）

エ　現症時の就労状況 ○勤務先　・一般企業　・就労支援施設　・その他（　　　） ○雇用体系　・障害者雇用　・一般雇用　・自営　・その他（　　） ○勤続年数（　　年　　ヶ月）・仕事の頻度（週・月に（　　）日） ○ひと月の給与（　　　　　　円程度） ○仕事の内容　**現在就労はしていない** ○仕事場での援助の状況や意思疎通の状況	オ　身体所見（神経学的な所見を含む。） **特記すべき所見はない** カ　臨床検査（心理テスト・認知検査、知能障害の場合は、知能指数、精神年齢を含む。） **特記すべき所見はない** キ　福祉サービスの利用状況（障害者自立支援法に規定する自立訓練、共同生活援助、共同生活介護、在宅介護、その他障害福祉サービス等） **利用なし**

⑪ 現症時の日常生活活動能力及び労働能力（必ず記入してください。）	労務は不能と思われる。
⑫ 予後（必ず記入してください。）	不良
⑬ 備考	

上記のとおり、診断します。　　平成 24 年 1 月 21 日
　　病院又は診療所の名称　　千代田病院　　　診療担当科名　精神神経科
　　所　　在　　地　　東京都○○…　　　　医師氏名　太田　浩　　　㊞

事例1　初診日（相当因果関係含む）と障害等級が争点の事例

審査請求

審 査 請 求 書

平成24年6月4日

関東信越厚生局 社会保険審査官　殿

　　　　　　　　　請求人　住　所　東京都中央区築地〇-〇-〇
　　　　　　　　　　　　　氏　名　日本橋　花子　　　㊞
　　　　　　　　　　　　　電　話　03-〇〇〇〇-〇〇〇〇
　　　　　　　　　代理人　住　所　東京都千代田区岩本町〇-〇-〇
　　　　　　　　　　　　　氏　名　法令　一郎　　　　㊞
　　　　　　　　　　　　　電　話　03-〇〇〇〇-〇〇〇〇
　　　　　　　　　　　　（請求人との関係　社会保険労務士）

つぎのとおり、審査請求します。

被保険者もしくは被保険者であった者	住　所	東京都中央区築地〇-〇-〇	「記号および番号」欄には、被保険者証・年金手帳・年金証書の記号番号を記入してください。
	氏　名（ふりがな）	日本橋　花子（にほんばし　はなこ）	
	生年月日	昭和54年11月26日	
	記号・番号	2111－987654	
	事業所名所在地		電　話
給付を受けるべき者	住　所		被保険者もしくは被保険者であった者の死亡にかかる給付について、審査請求をする場合にだけ記入してください。
	氏　名（ふりがな）		
	生年月日		
	死亡者との続柄		
原処分者	所在地	千代田区霞ヶ関1-2-2	あなたが不服とする処分をした保険者等の代表者名を記入してください。
	名　称	厚生労働大臣	

原処分があったことを知った日	平成24年4月28日	あなたが不服とする処分をあなたが知った日（その通知書をあなたが受け取った日）を記入してください。
審査請求の趣旨および理由	（審査請求の趣旨） 　請求人日本橋花子（以下「請求人」という。）が平成24年1月31日付で請求した障害基礎年金の初診日を平成8年5月10日と認定したうえで、国民年金法第30条の4第2項にもとづく障害基礎年金（障害等級2級）の支給決定をしてもらいたい。 （理　由） 　【別紙1】に記載。	あなたが、どんな処分を受けたので不服申立をするのか、その理由および社会保険審査官にどういう決定をしてもらいたいかを、なるべくくわしく記入してください。（別紙に書いても結構です。）
添付資料	【資料1】　年金請求書 　　　　　　（国民年金障害基礎年金）写し 【資料2】　受診状況等証明書 　　　　　　（港病院／平成8年初診） 【資料3】　受診状況等証明書 　　　　　　（足立病院／平成14年初診） 【資料4】　診断書 　　　　　　（千代田病院／平成24年1月現症） 【資料5】　病歴状況申立書（国民年金用） 【資料6】　境界性パーソナリティ障害の特徴・原因・症状 【資料7】　妄想性パーソナリティ障害の特徴・症状・治療法 【資料8】　メルクマニュアル家庭版　妄想性障害 【資料9】　メルクマニュアル家庭版　人格障害 【資料10】　メルクマニュアル家庭版　小児統合失調症 【資料11】　年金記録一式 【資料12】　不支給決定通知書	ここには診断書等を証拠として提出するときに、それ等の文書や物件の名前を列記してください。
委任状	この審査請求については、法令一郎　㊞　を、私の代理人にいたします。 　　審査請求人氏名　　日本橋　花子　　㊞ 　　平成24年6月4日 　　関東信越厚生局社会保険審査官　殿	

【別紙1】

審査請求の理由

1．裁定請求から審査請求に至るまでの経緯
1）請求人は、平成8年5月10日（20歳到達前）を初診日として国民年金法第30条の4第2項にもとづく事後重症の障害基礎年金を平成24年1月31日付で裁定請求（以下「本件請求」という。）した（資料1）。

2）なお、足立病院作成の受診状況等証明書（資料3）は、上記1）の追加書類（保険者からの要請）として提出した。

3）その後、平成24年4月19日付で、本件請求に対して不支給決定処分（以下「本件処分」という。）がなされた（資料12）。なお、請求人が本件処分を知った日は、平成24年4月28日である。

4）上記3）の処分理由は、本件請求の初診日は20歳到達後の平成14年7月11日であり、当該初診日を基準とすると保険料納付要件を満たさないという内容である（資料12）。

5）しかしながら、請求人としては、初診日は平成14年7月11日ではなく、平成8年5月10日であると考えており、本件処分に対して、審査請求を行うこととした。

2．請求人にかかわる傷病の概要その1「妄想性障害」（資料8および資料9）
妄想性障害（ICD-10コード：22.0）は、1つまたは複数の誤った思いこみがあり、それが少なくとも1か月以上続くのが特徴で、妄想性人格障害がある人に発症する傷病である。妄想性障害の症状としては、恋人や配偶者が浮気をしているのではないかと疑ったり、誰かに見張られていると思い込んだりといった状態が続き、日常生活の障害となる。

3．請求人にかかわる傷病の概要その2「妄想性人格障害」（資料7）
妄想性人格障害は、対人関係において、相手への不信感、猜疑心が容易かつ頻繁に生じる傷病で、多くの場合は20歳までに症状が顕著となり、仕事や家庭でトラブルが生じやすくなるものである。前記2．の妄想性障害へと発展していく傷病である。

4．請求人にかかわる傷病の概要その3「境界性人格障害」（資料6）
境界性人格障害は若い女性に多く見られる傷病で、小児期の虐待などの環境要因が発症原因の一つと考えられている。「強いイライラ感」は神経症的な症状、「現実認識の低下」は統合失症調的な症状として現れる。統合失調症と診断できない場合などに、境界性人格障害と診断がなされることがある。過食やリスト

カットなどが見られる。

5．請求人にかかわる傷病の概要その4「小児統合失調症」（資料10）

小児統合失調症は、通常7歳から青年期の始まりに発症する傷病であり、その主な症状は、幻覚、妄想、恐怖心など。学校での問題行動や不登校などが見られる。

6．請求人の病歴経過等の整理

1）港病院作成の受診状況等証明書（資料2）によれば、請求人は平成7年頃から過食と嘔吐を繰り返し、平成8年5月10日に港病院を受診した。摂食障害（神経症）として薬物療法および精神療法を受けた。
2）さらに、平成8年5月当時は、病歴状況申立書（国民年金用）（資料5）によると、自傷行為や不登校、被害妄想などがあった。これらは、前記3．（妄想性人格障害）、前記4．（境界性人格障害）もしくは前記5．（小児統合失調症）に見られる症状であり、少なくとも何らかの精神的疾患を発症していたことがうかがえる。
3）平成8年5月の港病院受診後、医療機関を受診していない期間があるが、その理由および当該期間の病状は、資料5より次の①～④を確認することができる。
　① 精神科に通院していることが知られ、いじめに遭ったため、その後の通院に恐怖感があり、通院したくてもできなかった
　② 病状により、高校を退学せざるを得なかった
　③ 高校退学後も、被害妄想や自傷行為、過食等で苦しんだ
　④ 被害妄想により外出先で大きなトラブルを起こしてしまった
4）そして、平成14年7月11日に足立病院を受診（資料3）し、抑うつ状態と診断され、坑うつ薬と睡眠導入剤を処方された。足立病院には約1年間通院。
5）その後、港病院を再受診するも、すぐに荒川病院へ転院。荒川病院では統合失調症の診断を受け、8年間通院加療が行われた（資料4および資料5）。
6）平成24年1月から現在の千代田病院を受診し、妄想性障害として治療を継続しているが、予後は不良と診断されている（資料4）。

7．本件請求にかかる初診日が平成8年5月10日であると考える根拠

請求人は、幼少期から被害妄想や自傷行為、過食等を繰り返しており、その病状は、境界性人格障害や妄想性人格障害（後に妄想性障害へと発展する）が混在しているような様相を呈している。さらには、（小児）統合失調症の前駆症状が出現していた可能性も考えられる。当該病状に対しては、平成8年5月10日の港病院は神経症と診断を下したが、一度だけの受診であり正確な診断が可能であったとは言い難い（資料2および資料5）。

平成15年から８年間受診した荒川病院では統合失調症と診断（資料４および資料５）されているが、統合失調症は、傷病の性質から、確定診断に至るまで何年もかかることがあり、平成８年５月10日の症状が（小児）統合失調症の前駆症状であったと考えても不自然ではない。仮に、統合失調症の前駆症状の出現について医学的に否定的だとしても、妄想性人格障害から派生する妄想性障害で現在治療を受けていることを考慮すれば、平成８年５月10日の妄想の病状（妄想性人格障害）は現在の病状（妄想性障害）につながるものであり、障害認定における相当因果関係を認めるに十分である。また、繰り返しになるが、前記６．の３）で述べたように、平成８年５月から平成14年７月までの医療機関を受診していない期間は、傷病が治癒したわけでなく、「妄想障害により医療機関を受診することができなかった」のである。
　　よって、本件請求に係る初診日は、平成14年７月11日ではなく平成８年５月10日として認定されるべきである。

８．本件請求に係る請求人の現症の障害状態

　千代田病院太田医師作成の平成24年１月21日現症診断書（資料４）から確認できる請求人の主な障害の状態は、以下の通りである。
- 診断書⑩欄ウ１（イ）…両親と同居しており、家族との関係は良好であるが、周囲との交流はない
- 診断書⑩欄ウ２…自発的にできるが時には助言や指導を必要とする「２つ」、助言や指導があればできる「５つ」
- 診断書⑩欄ウ３…精神障害を認め、家庭内での単純な日常生活はできるが、時に応じて援助が必要である

　さらに、診断書⑪欄では「労務不能」であると、⑫欄では予後「不良」と診断されており、日常生活に著しい制限が必要な病状であることが確認できる。

９．本件請求において認定されるべき請求人の障害の程度（障害等級）

　前述の内容を総合的に考慮すると、請求人は、人格変化、思考障害、その他妄想・幻覚等があるため日常生活能力が著しく制限されており、国民年金・厚生年金保険　障害認定基準に照らして判断すれば、「日常生活が著しい制限を受けるか又は日常生活に著しい制限を加えることを必要とする程度のもの」に該当するため、障害等級は２級16号（国民年金法施行令別表）に認定されるべきである。

以上

【本件審査請求書のポイント解説】

　本件は、当初、請求人のご家族が平成8年を初診日（港病院）とする障害基礎年金の事後重症請求をしたものです。そして、この請求に対して、保険者が平成14年の受診状況等証明書（足立病院）の追加提出を求め、初診日を平成14年と認定した結果、保険料納付要件を満たすことができずに不支給となりました。

　その後、請求人からの依頼にもとづき、社労士の法令一郎が代理人として審査請求と再審査請求を行いました。

　審査請求は原処分に対する不服申立であることから、まずは当初の裁定請求書の内容を確認する必要があります。本件のように、ご本人やご家族が裁定請求した場合、手元に裁定請求書類のコピーが残っていないことがあります。その場合には、年金事務所（全国どこでも構わないが、裁定請求書を提出した年金事務所が望ましい）窓口で、審査請求のための裁定請求書類一式の写しの取寄せを依頼してください。当該手続は、委任状があれば代理人が行うことができます。

　本件の争点は、①初診日が20歳前か後か、②障害の状態は障害等級2級以上であるかの2つです。

　初診日については、平成8年から平成14年までの受診していない期間には傷病が治癒していないこと、また平成8年の病状とその後の病状が同じ傷病であること（相当因果関係）を証明しなくてはなりません。そのため、傷病についての論述・説明が必要になります。その論述にあたり、参考文献を付けておくと説明がしやすく、かつ説得力があることから、【資料6】～【資料10】を添付しました。

　障害等級については、診断書および病歴（就労状況等）申立書の内容からポイントを拾い出し、障害認定基準にあてはめます。精神障害の場合、障害認定基準というよりは、過去の認定事例やガイドラインの考え方等にあてはめていくのがよいでしょう。

　再審査請求のところ（56ページ）で解説しますが、本件は初診日が最大の焦点であるため、障害等級についての記述はあえて少なめにしています。

審査官の決定書

　関東信越厚生局社会保険審査官により、「平成8年から平成14年までの6年間受診がないため、初診日は平成14年である」という主旨で棄却決定（平成24年8月30日付）がなされました。

決　定　書

審査請求人
　　　　　　　　　東京都中央区築地〇-〇-〇
　　　　　　　　　　　　　　　　日　本　橋　花　子

審査請求代理人
　　　　　　　　　東京都千代田区岩本町〇-〇-〇
　　　　　　　　　　　　　　　　法　令　一　郎

原処分をした保険者の機関
　　　　　　　　　東京都千代田区霞が関1-2-2
　　　　　　　　　　　　　　　　厚　生　労　働　大　臣

被保険者
　　　　　　　　　東京都中央区築地〇-〇-〇
　　　　　　　　　　　　　　　　日　本　橋　花　子
　　　　　　　　　　　　　　　　昭和54年11月26日生
　　　　　　　　　　　　　　　　　（2111-987654）

主　文

この審査請求を棄却する。

理　由

第1　審査請求の趣旨
　　審査請求人（以下「請求人」という。）の審査請求の趣旨は、国民年金法（以下「法」という。）による障害基礎年金（以下単に「障害基礎年金」という。）の支給を求めるということである。

第2 審査請求の経過
1 請求人は、妄想性障害（以下「当該傷病」という。）により障害の状態にあるとして、当該傷病の初診日を平成8年5月10日として、平成24年1月31日（受付）、厚生労働大臣に対し、障害基礎年金の裁定を請求した。
2 厚生労働大臣は、平成24年4月19日付で、請求人に対し、法第30条各項及び昭和60年改正法附則第20条第1項のいずれにも該当しないため（納付不要）として、障害基礎年金を支給しない旨の処分（以下「原処分」という。）をし、参考として、今回、平成8年5月10日を初診日として請求したが、認定審査の結果、初診日が平成14年7月11日とされたため、納付要件不該当により該当しないと付記した。
3 請求人は、原処分を不服として、平成24年6月5日（受付）、審査請求代理人に社会保険労務士　法令一郎を立て、次の趣旨及び理由を述べて当審査官に対し審査請求をした。

審査請求の趣旨

請求人日本橋花子（以下「請求人」という。）が平成24年1月31日付で請求した障害基礎年金の初診日を平成8年5月10日と認定したうえで、国民年金法第30条の4第2項にもとづく障害基礎年金（障害等級2級）の支給決定をしてもらいたい。

審査請求の理由

1．裁定請求から審査請求に至るまでの経緯
　1）請求人は、平成8年5月10日（20歳到達前）を初診日として国民年金法第30条の4第2項にもとづく事後重症の障害基礎年金を平成24年1月31日付で裁定請求（以下「本件請求」という。）した（資料1）。
　2）なお、足立病院作成の受診状況等証明書（資料3）は、上記1）の追加書類（保険者からの要請）として提出した。
　3）その後、平成24年4月19日付で、本件請求に対して不支給決定処分（以下「本件処分」という。）がなされた（資料12）。なお、請求人が本件処分を知った日は、平成24年4月28日である。
　4）上記3）の処分理由は、本件請求の初診日は20歳到達後の平成14年7月11日であり、当該初診日を基準とすると保険料納付要件を満たさないという内容である（資料12）。
　5）しかしながら、請求人としては、初診日は平成14年7月11日ではなく、平成8年5月10日であると考えており、本件処分に対して、審査請求を行うこととした。

2．請求人にかかわる傷病の概要その1「妄想性障害」（資料8および資

料9）
　妄想性障害（ICD-10コード：22.0）は、1つまたは複数の誤った思いこみがあり、それが少なくとも1か月以上続くのが特徴で、妄想性人格障害がある人に発症する傷病である。妄想性障害の症状としては、恋人や配偶者が浮気をしているのではないかと疑ったり、誰かに見張られていると思い込んだりといった状態が続き、日常生活の障害となる。

3．請求人にかかわる傷病の概要その2「妄想性人格障害」（資料7）
　妄想性人格障害は、対人関係において、相手への不信感、猜疑心が容易かつ頻繁に生じる傷病で、多くの場合は20歳までに症状が顕著となり、仕事や家庭でトラブルが生じやすくなるものである。前記2．の妄想性障害へと発展していく傷病である。

4．請求人にかかわる傷病の概要その3「境界性人格障害」（資料6）
　境界性人格障害は若い女性に多く見られる傷病で、小児期の虐待などの環境要因が発症原因の一つと考えられている。「強いイライラ感」は神経症的な症状、「現実認識の低下」は統合失症調的な症状として現れる。統合失調症と診断できない場合などに、境界性人格障害と診断がなされることがある。過食やリストカットなどが見られる。

5．請求人にかかわる傷病の概要その4「小児統合失調症」（資料10）
　小児統合失調症は、通常7歳から青年期の始まりに発症する傷病であり、その主な症状は、幻覚、妄想、恐怖心など。学校での問題行動や不登校などが見られる。

6．請求人の病歴経過等の整理
　1）港病院作成の受診状況等証明書（資料2）によれば、請求人は平成7年頃から過食と嘔吐を繰り返し、平成8年5月10日に港病院を受診した。摂食障害（神経症）として薬物療法および精神療法を受けた。
　2）さらに、平成8年5月当時は、病歴状況申立書（国民年金用）（資料5）によると、自傷行為や不登校、被害妄想などがあった。これらは、前記3．（妄想性人格障害）、前記4．（境界性人格障害）もしくは前記5．（小児統合失調症）に見られる症状であり、少なくとも何らかの精神的疾患を発症していたことがうかがえる。
　3）平成8年5月の港病院受診後、医療機関を受診していない期間があるが、その理由および当該期間の病状は、資料5より次の①～④を確認することができる。
　　①　精神科に通院していることが知られ、いじめに遭ったため、その後の通院に恐怖感があり、通院したくてもできなかった

② 病状により、高校を退学せざるを得なかった
　　③ 高校退学後も、被害妄想や自傷行為、過食等で苦しんだ
　　④ 被害妄想により外出先で大きなトラブルを起こしてしまった
4）そして、平成14年7月11日に足立病院を受診（資料3）し、抑うつ状態と診断され、坑うつ薬と睡眠導入剤を処方された。足立病院には約1年間通院。
5）その後、港病院を再受診するも、すぐに荒川病院へ転院。荒川病院では統合失調症の診断を受け、8年間通院加療が行われた（資料4および資料5）。
6）平成24年1月から現在の千代田病院を受診し、妄想性障害として治療を継続しているが、予後は不良と診断されている（資料4）。

7．本件請求にかかる初診日が平成8年5月10日であると考える根拠

　請求人は、幼少期から被害妄想や自傷行為、過食等を繰り返しており、その病状は、境界性人格障害や妄想性人格障害（後に妄想性障害へと発展する）が混在しているような様相を呈している。さらには、（小児）統合失調症の前駆症状が出現していた可能性も考えられる。当該病状に対しては、平成8年5月10日の港病院は神経症と診断を下したが、一度だけの受診であり正確な診断が可能であったとは言い難い（資料2および資料5）。

　平成15年から8年間受診した荒川病院では統合失調症と診断（資料4および資料5）されているが、統合失調症は、傷病の性質から、確定診断に至るまで何年もかかることがあり、平成8年5月10日の症状が（小児）統合失調症の前駆症状であったと考えても不自然ではない。仮に、統合失調症の前駆症状の出現について医学的に否定的だとしても、妄想性人格障害から派生する妄想性障害で現在治療を受けていることを考慮すれば、平成8年5月10日の妄想の病状（妄想性人格障害）は現在の病状（妄想性障害）につながるものであり、障害認定における相当因果関係を認めるに十分である。また、繰り返しになるが、前記6．の3）で述べたように、平成8年5月から平成14年7月までの医療機関を受診していない期間は、傷病が治癒したわけでなく、「妄想障害により医療機関を受診することができなかった」のである。

　よって、本件請求に係る初診日は、平成14年7月11日ではなく平成8年5月10日として認定されるべきである。

8．本件請求に係る請求人の現症の障害状態

　千代田病院太田医師作成の平成24年1月21日現症診断書（資料4）から確認できる請求人の主な障害の状態は以下の通りである。
- 診断書⑩欄ウ1（イ）…両親と同居しており、家族との関係は良好であるが、周囲との交流はない

- 診断書⑩欄ウ２…自発的にできるが時には助言や指導を必要とする「２つ」、助言や指導があればできる「５つ」
- 診断書⑩欄ウ３…精神障害を認め、家庭内での単純な日常生活はできるが、時に応じて援助が必要である

さらに、診断書⑪欄では「労務不能」であると、⑫欄では予後「不良」と診断されており、日常生活に著しい制限が必要な病状であることが確認できる。

9．本件請求において認定されるべき請求人の障害の程度（障害等級）

前述の内容を総合的に考慮すると、請求人は、人格変化、思考障害、その他妄想・幻覚等があるため日常生活能力が著しく制限されており、国民年金・厚生年金保険障害認定基準に照らして判断すれば、「日常生活が著しい制限を受けるか又は日常生活に著しい制限を加えることを必要とする程度のもの」に該当するため、障害等級は２級16号（国民年金法施行令別表）に認定されるべきである。

添付資料
　【資料１】年金請求書
　　　　　　（国民年金障害基礎年金）写し
　【資料２】受診状況等証明書
　　　　　　（港病院／平成８年初診）
　【資料３】受診状況等証明書
　　　　　　（足立病院／平成14年初診）
　【資料４】診断書
　　　　　　（千代田病院／平成24年１月現症）
　【資料５】病歴状況申立書（国民年金用）
　【資料６】境界性パーソナリティ障害の特徴・原因・症状
　【資料７】妄想性パーソナリティ障害の特徴・症状・治療法
　【資料８】メルクマニュアル家庭版　妄想性障害
　【資料９】メルクマニュアル家庭版　人格障害
　【資料10】メルクマニュアル家庭版　小児統合失調症
　【資料11】年金記録一式
　【資料12】不支給決定通知書

第３　問題点
１　法第30条第１項に、疾病にかかり、又は負傷し、かつ、その疾病又は負傷及びこれらに起因する疾病（以下「傷病」という。）について初めて医師又は歯科医師の診察を受けた日（以下「初診日」という。）において、被保険者であるか、又は、被保険者であったものであって、日本国内に住所を有し、か

つ、60歳以上65歳未満である者が、当該初診日から起算して1年6か月を経過した日（その期間内にその傷病が治った場合においては、その治った日（その症状が固定し治療の効果が期待できない状態に至った日を含む。）とし、以下「障害認定日」という。）において、その傷病により障害等級に該当する程度の障害の状態にあるときに、その者に支給するとされており、同条第2項に、この障害等級は、障害の程度に応じて重度のものから1級及び2級とされ、国年令別表にその障害の状態が定められている。

また、法第30条の2には、疾病にかかり、又は負傷し、かつ、その傷病に係る初診日において、被保険者であるか、又は、被保険者であった者であって日本国内に住所を有し、かつ、60歳以上65歳未満である者であって、障害認定日において、国年令別表に定める障害等級に該当する程度の障害の状態になかったものが、同日後65歳に達する日の前日までの間において、その傷病により障害等級に該当する程度の障害の状態に該当するに至ったときは、その者は、その期間内に障害基礎年金の支給を請求することができると規定されている。

ただし、前記に該当する場合であっても、次の（1）、（2）の納付要件のいずれにも該当しない場合には、障害基礎年金は支給されないこととされている（国年法等の一部を改正する法律（昭和60年法律第34号）附則第20条第1項の規定により読み替えられた法第30条第1項ただし書き）。

（1）当該疾病にかかる初診日の前日において、当該初診日の属する月の前々月までに国民年金の被保険者期間があり、かつ、当該被保険者期間にかかる保険料納付済期間と保険料免除期間とを合算した期間が当該被保険者期間の3分の2以上あるとき。

（2）当該疾病の初診日の前日において、当該初診日の属する月の前々月までの1年間のうちに、保険料納付済期間及び保険料免除期間以外の被保険者期間がないとき。

2　法第30条の4第2項には、傷病について初診日において20歳未満であった者（同日において被保険者でなかった者に限る。）が、障害認定日以後に20歳に達した時は20歳に達した日後において、障害認定日が20歳に達した日後であるときはその障害認定日後において、その傷病により、65歳に達する日の前日までの間に、障害等級に該当する程度の障害の状態に該当するに至ったときは、その者は、その期間内に障害基礎年金の支給を請求することができる旨が規定されている。

3　本件の場合、厚生労働大臣が、当該傷病の初診日を平成14年7月11日と認定した上で、保険料納付要件を満たしていないためとして、障害基礎年金の支給をしない旨の処分をしたことに対し、請求人はこれを不服とし、当該傷病の初診日は20歳前の平成8年5月10日であると認めることができるかどうかということである。

第4　審査資料
　本件の審査資料は、次のとおりである（すべて写し）。
資料１　請求人に係る年金請求書（国民年金障害基礎年金）
　　　　（平成24年１月31日受付、以下「裁定請求書」という。）
資料２　請求人が裁定請求書に添付した次のもの
　　２－１　請求人が作成した病歴状況申立書（国民年金用）
　　　　　　（平成24年１月31日付で請求人の父である日本橋富士夫が代筆したもの。以下「病歴状況申立書」という。）
　　２－２　港病院山田浩二医師が作成した受診状況等証明書（平成23年12月26日付。以下「山田医師の証明書」という。）
　　２－３　足立病院朝田学医師が作成した受診状況等証明書（平成24年２月27日付。以下「朝田医師の証明書」という。）
　　２－４　千代田病院精神神経科太田浩医師の作成した国民年金診断書（平成24年１月21日付。以下「太田医師の診断書」という。）
資料３　請求人に係る基礎年金番号情報照会（統合年金記録）回答票（資格画面）及び被保険者記録照会（納付Ⅱ）（平成24年１月31日に日本年金機構高井戸年金事務所が作成したもの、以下、併せて「被保険者記録」という。）

第5　事実の認定及び判断
１　前記審査資料によると、次の事実を認めることができる。
（１）裁定請求書より一部を摘記すると、次のとおりである。
　　ア　障害給付の請求事由
　　　　事後重症による請求
　　イ　障害の原因である傷病について
　　①　傷病名
　　　　妄想性障害
　　②　傷病の発生した日
　　　　平成８年
　　③　初診日
　　　　平成８年５月10日
　　④　初診日において加入していた年金制度
　　　　未加入
　　⑤　現在傷病は治っていますか
　　　　いいえ
　　　　　　　　　　　　　　　　　　　　　　　　　　　　　　　　　　　（資料１）
（２）病歴状況申立書より、一部を摘記すると、次のとおりである。
　　（略）
　　　　　　　　　　　　　　　　　　　　　　　　　　　　　　　　　　（資料２－１）
（３）山田医師の証明書より摘記すると、次のとおりである。

ア　傷病名
　　　　　神経症
　　　イ　発病年月日
　　　　　平成7年12月
　　　ウ　傷病の原因又は誘因
　　　　　不詳
　　　エ　発病から初診までの経過
　　　　　平成7年頃から過食嘔吐を繰り返すようになり、そのため平成8年5月10日港病院受診。
　　　オ　初診年月日
　　　　　平成8年5月10日
　　　カ　終診年月日
　　　　　平成8年5月10日（初診年月日と同じ）
　　　キ　終診時の転帰
　　　　　中止
　　　ク　初診から終診までの治療内容及び経過の概要
　　　　　摂食障害の範疇の疾患と判断し薬物療法及び精神療法施行するも、結局1回のみで中断となった。（略）
　　　　　※上記の記載は、当時の診療録より記載したものです。
　　　　　　　　　　　　　　　　　　　　　　　　　　（資料2－2）
（4）朝田医師の証明書より摘記すると、次のとおりである。
　　　ア　傷病名
　　　　　抑うつ状態
　　　イ　発病年月日
　　　　　平成14年4月頃
　　　ウ　傷病の原因又は誘因
　　　　　不詳
　　　エ　発病から初診までの経過
　　　　　（略）
　　　オ　初診年月日
　　　　　平成14年7月11日
　　　カ　終診年月日
　　　　　平成15年9月10日
　　　キ　終診時の転帰
　　　　　中止
　　　ク　初診から終診までの治療内容及び経過の概要
　　　　　（略）
　　　　　※上記の記載は、当時の診療録より記載したものです。
　　　　　　　　　　　　　　　　　　　　　　　　　　（資料2－3）

（5） 太田医師の診断書より一部を摘記すると、次のとおりである。
　　ア　障害の原因となった傷病名
　　　　妄想性障害　ICD-10コード（F22）
　　イ　傷病の発生年月日
　　　　平成8年頃　本人の申立て
　　ウ　アのため初めて医師の診断を受けた日
　　　　平成8年5月10日　本人の申立て
　　エ　本人の発病時の職業
　　　　無職
　　オ　既存障害
　　　　なし
　　カ　既往症
　　　　なし
　　キ　傷病が治った（症状が固定した状態を含む。）かどうか
　　　　治った日…平成24年1月頃　推定
　　　　症状の良くなる見込…無
　　ク　発病から現在までの病歴及び治療の経過、内容、就学・就労状況等、期間、その他参考となる事項
　　　　陳述者の氏名：日本橋花子　請求人との続柄：本人
　　　　聴取年月日：平成24年1月7日
　　　　平成7年頃より過食嘔吐ならびに悪口を言われているという被害妄想を認めていた。徐々に上記症状が増強し、平成8年5月10日に港病院を初診。（略）
　　ケ　診断書作成医療機関における初診時所見
　　　　初診年月日（平成24年1月7日）（略）
　　コ　治療歴

医療機関名	治療期間	入院外来	病名	主な療法	転帰
港病院	平成8年5月〜平成8年5月	外来	神経症	薬物療法	不変
足立病院	平成14年7月〜平成15年9月	外来	妄想性障害	〃	〃
荒川病院	平成15年9月〜平成23年12月	外来	統合失調症	〃	軽快
千代田病院	平成24年1月〜現在	外来	妄想性障害	薬物療法 精神療法	不変

（資料2－4）

（6）　厚生労働大臣が認定した当該傷病の初診日（平成14年7月11日）の属する月の前々月となる平成14年5月までの公的年金加入状況、保険料納付状況及び保険料収納状況は、被保険者記録によると次のとおりである。
　　ア　公的年金加入状況
　　　　（略）
　　イ　平成14年5月までの保険料納付状況

(略)

(資料3)

2 前記のとおり認定された事実に基づき、本件の問題点を検討し、判断する。
(1) 本件の問題点は、当該傷病の初診日が、請求人の申し立てている平成8年5月10日であると認めることができるかどうかということであるから、初診日について検討する。
(2) 障害の認定にあたっては、障害認定の公平を期するため、国民年金・厚生年金保険障害認定基準（以下「認定基準」という。）により取り扱うこととされており、…（中略）…以下のとおりである。
…（中略）…
なお、「傷病」とは、疾病又は負傷及びこれらに起因する傷病を総称したものをいうとされ、「起因する疾病」とは、前の疾病又は負傷がなかったならば後の疾病がおこらなかったであろうというように、前の疾病との間に相当因果関係があると認められる場合をいうとされている。
つまり、前の疾病又は負傷がなかったならば、後の疾病がおこらなかったであろうと認められる場合は、相当因果関係ありとみて前後の傷病は同一傷病として取り扱われるとされている。
(3) そこで、審査資料の要点を整理すると、……
(略)
(4) 以上みたところ、請求人は、平成8年5月10日に神経症により港病院を受診したが、一度の通院で中断し、その後、約6年間医療機関の受診はなく、平成14年7月11日に、抑うつ状態で足立病院を受診するに至っている。
請求人が当該傷病の初診日と申し立てている平成8年5月10日に、港病院を神経症により受診しているものの、その後、6年もの間医療機関の受診や服薬もないことから、平成14年7月11日の足立病院の受診までにおいて、精神疾患による継続的な治療があったことは認められず、当該傷病に至る継続した一連の傷病であるとは認め難く、平成8年5月10日を当該傷病の初診日と認めることは困難であると言わざるを得ない。
そして、本件審査請求資料から、当該傷病の初診日は、抑うつ状態により足立病院を受診した平成14年7月11日とするのが相当であり、当該日の前日において、前記第3の1における保険料納付要件（1）及び（2）に照らしてみると、被保険者期間に対し、保険料納付済期間はなく、3分の2に満たず、また、初診日の属する月の前々月までの1年間については、保険料納付済期間はなく、保険料免除期間は7月である。
したがって、保険料納付要件（1）及び（2）をいずれも満たしていないことから、請求人に対し、障害基礎年金を支給することはできないと判断する。
(5) そうすると、厚生労働大臣が平成24年4月19日付で、請求人に対し行っ

た原処分は妥当であって、取り消すことはできない。

　以上の理由によって、主文のとおり決定する。

平成24年8月30日

　　　　　　　　　　　　　　　　　　　　関東信越厚生局社会保険審査官
　　　　　　　　　　　　　　　　　　　　　　　　関東　一雄

　この決定に不服があるときは、決定書の謄本が送付された日の翌日から起算して60日以内に社会保険審査会（東京都千代田区霞が関1－2－2　厚生労働省内）に再審査請求することができます。
　なお、再審査請求は、この決定の取消しではなく、あくまで保険者が請求人に対して行った原処分の取消しを求めることになります。

　　　　　　　　　　　これは謄本である

　　　　　　　　　　　　　　　　　　　　　　　　　　　　平成24年8月30日
　　　　　　　　　　　　　　　　　　　　関東信越厚生局社会保険審査官
　　　　　　　　　　　　　　　　　　　　　　　　関東　一雄

＊＊＊＊＊＊＊＊＊＊＊＊＊＊＊＊＊＊＊＊＊＊＊＊＊＊＊＊＊＊＊

　再審査請求の要旨を希望される場合には、下記にその旨を申し出れば、交付を受けることができます。
　　厚生労働省保険局総務課社会保険審査調整室
　　　東京都千代田区霞が関1－2－2
　　　ＴＥＬ　03-5253-1111　内線3222

主治医の意見（質問状への回答）

審査請求棄却決定を受けて、千代田病院主治医より次のような意見（質問状への回答）をもらい、再審査請求へ臨むことにしました。なお、質問状は代理人が作成して、請求人から主治医へ依頼したものです。

私、日本橋花子は、代理人を立て、現在、障害年金の審査請求手続きを行っています。その手続きにおいて必要ですので、下記質問事項について先生のお考えをお教えください。

質問1
私の病状は、平成8年頃（発病時期）から現在に至るまでの間で、治癒（治療や服薬の必要がない状態）したと考えられる期間はありますか？

　質問1に対するご回答（下記に○をつけてください）
　　①　治癒した期間はない　もしくは　ないと思われる
　　2．治癒した期間がある

質問2
私の平成8年頃の病状と現在の病状に医学的な因果関係はありますか？

　質問2に対するご回答（下記に○をつけてください）
　　①　相当因果関係がある　もしくは　あると思われる
　　2．相当因果関係はない

署名・捺印をお願いします。

　平成 24 年 9 月 25 日
　　医療機関名および所在地　千代田病院
　　　　　　　　　　　　　　東京都○○…
　　医師の氏名　太田　浩　㊞

再審査請求

平成8年と平成14年の病状の因果関係を証明する資料（主治医の意見）をもらい、再審査請求を行いました。

〈再審査請求書および委任状は掲載略〉

再審査請求の趣旨及び理由

第1　再審査請求の趣旨
　再審査請求人日本橋花子（以下「請求人」という。）が平成24年1月31日に行った国民年金法第30条の4第2項（事後重症による請求）にもとづく障害基礎年金の請求（以下「本件請求」という。）について、初診日を平成8年5月10日と認定したうえで、障害基礎年金（障害等級2級）の支給決定をしていただきたい。

第2　原処分から再審査請求までの経過
　1　厚生労働大臣が、本件請求にかかる初診日を平成14年7月11日と認定したため、納付要件不該当となり、不支給処分（平成24年4月19日付、以下「原処分」という。）がなされた。
　2　これを不服として、関東信越厚生局社会保険審査官（以下「審査官」という。）に対し、審査請求（平成24年6月5日受付、以下「本件審査請求」という。）を行った（資料A）が、棄却決定（平成24年8月30日付、以下「本件決定」という。）がなされた（資料B）。
　3　そこで、請求人は、原処分及び本件決定を不服として、社会保険審査会に対し、原処分の取り消しを求める再審査請求（以下「本件再審査請求」という。）を行うこととした。
　4　なお、本件審査請求に係る決定書の謄本が請求人に送付された日は、平成24年8月30日である。

第3　争点及び問題点ならびに求める裁決
　1　本件再審査請求における争点
　（1）　本件請求に係る初診日の認定
　（2）　請求人の認定されるべき障害の程度
　2　原処分及び本件決定における問題点等ならびに求める裁決
　（1）　原処分及び本件決定における問題点等
　　イ　初診日認定における相当因果関係等
　　　厚生労働大臣及び審査官は、平成8年5月10日から平成14年7月11日ま

での約6年間に受診がないことをもって、初診日を平成14年7月11日と認定していると思慮されるが、「請求人の傷病が治癒し、平成14年7月11日までの間に治療の必要がなくなった」と断定するだけの積極的な要素は見当たらない。

また、現主治医の回答書（資料C）によれば、請求人の傷病は、平成8年の発病のころから現在に至るまで治癒した期間がなく、かつ一連の傷病であることを確認することができる。

したがって、初診日は平成14年7月11日ではなく、平成8年5月10日と認定されるのが妥当である。

ロ　社会的治癒の法理について

「社会的治癒」とは、「傷病が、医学的な意味では治癒したといえないが、その症状が消滅して社会復帰が可能となり、かつ、治療投薬を要せず、外見上治癒したと見えるような状態がある程度の期間にわたって継続すること」をいい、「症状が安定して特段の療養の必要がなく、長期的に自覚症状や他覚症状に異常が見られず、普通に生活や就労ができている期間がある場合」には、治癒に相当する期間があるものとされている。

社会保険審査会の裁決例には、「寛解状態が相当期間続き、社会保険の被保険者として健常者と変わりない職業生活を送っていると判断できる場合は、社会的治癒を認める」（平成21年（厚）第418号、平成22年4月30日裁決）というものがある。

請求人の場合、病歴の経過等（資料A）に照らせば、健常者と変わりなく普通に生活や就労ができている期間があるものとはいえず、社会的治癒に相当する期間があるものとは到底認められない。

さらに「社会的治癒の法理は、傷病が外見上治癒したと見える期間が相当の長さにわたり継続した場合、被保険者のその事案に対する信頼を保護して救済を与える趣旨のもとに考案されたものであって、保険者が被保険者の受給権を否定するための根拠として援用することは、その趣旨に反し、許されない。保険者に強くその自戒を求めたい。」という裁決（裁決集平成18年、国民年金関係、43頁）がある。

本件請求に置き換えれば、請求人の平成8年頃の傷病と請求傷病を別疾病であると認定した結果、不支給決定（保険料納付要件不該当）とした保険者の原処分は、極めて不当であって、許されないものである。

ハ　障害の程度（障害等級）について

請求人の障害の程度は、現症診断書（資料A）にもとづき、認定基準に照らせば、障害等級2級16号（国民年金法施行令別表）に認定されるべきである。

（2）　求める裁決

本件請求に係るすべての事項を再検討し、また、前記「主治医への質問事項の回答書」（資料C）も加味し、本件請求にかかる初診日を「平成8年

5月10日」と認定したうえで、障害の状態を２級16号（国年令別表）とする裁決を求める。

第４　再審査資料
　再審査資料は、次の資料ＡからＣまでの３点である。
【資料Ａ】　審査請求関連一式（写し）
　　　　　（平成24年６月５日受付）
【資料Ｂ】　決定書謄本（写し）
　　　　　（平成24年８月30日付）
【資料Ｃ】　主治医への質問事項の回答書（原本）
　　　　　（平成24年９月25日付、千代田病院　太田医師作成）

公開審理

　公開審理の期日の通知は、概ね１か月前に届きます。内容を確認し、当日へ向けて準備をします。公開審理での意見陳述の時間は非常に短いので、話す内容をメモにしておくことや当日使用する資料に付箋貼りなどをしておくことをお勧めします。また、請求人と一緒に公開審理に参加する場合には、事前に想定問答を作成して、当日に備えましょう。

　　　　　　　　　　　　　　　　　　　　　　　　社審発○○○第○○号
　　　　　　　　　　　　　　　　　　　　　　　　平成25年１月25日

再審査請求代理人
　法令　一郎　殿
　　　　　　　　　　　　　　　　　　　　　　　　社会保険審査会委員長

社会保険審査会の審理について（通知）

　当審査会に（再）審査請求された事件について、社会保険審査官及び社会保険審査会法第36条の規定により、その審理の期日及び場所を、下記のとおり定めましたので通知します。
　なお、同封しました審理資料は、審理のために作成されたものですので、それ以外の目的のためには決して使用しないようにしてください。

　　　　　　　　　　　　　　　　　　記

　　事　件　番　号：平成24年（国）第ＸＸＸ号
　　再審査請求人：日本橋　花子
　　日　　　　時：平成25年３月５日（火）13時45分から
　　場　　　　所：中央合同庁舎第５号館内
　　　　　　　　　厚生労働省社会保険審査会審理室
　　　　　　　　　東京都千代田区霞が関１－２－２（18階）
　　　　　　　　　電話：０３－５２５３－１１１１
　　　　　　　　　　　　　　　　　（内線○○○○）

【本件再審査請求書および公開審理のポイント解説】

　審査請求棄却決定を受けて、再審査請求へ移行することとなります。再審査請求の準備を進める段階では、当初の裁定請求書類一式と審査請求書および決定書が揃っています。これらの資料から、再審査請求の方針や整備する書類を決めていきます。

　審査官は、保険者の意見書をもとに決定書を作成するわけですから、棄却決定は保険者の意見書と同趣旨であると考えることができます。よって、審査官がことさら強調している「平成8年と平成14年の6年間受診がないこと」を覆す証拠と論述があればよいとわかります。このように、決定書を読むことで、再審査請求の攻め方が見えてきます。
　本件では、相当因果関係と傷病の継続性は「医師への質問状」をもって証明をする方針を立て、協力的な現主治医に「治癒した期間があるかどうか」「平成8年の傷病と現在の傷病が同一傷病と考えられるか」という2つの質問をしました。
　また、本件原処分は、保険者からの要請で追加提出した書類（足立病院の受診状況等証明書）が請求人にとって不利益な結果になったことから、社会的治癒の法理の運用が誤っている可能性があり、その点についても論述の中で強調していく方針としました。
　社会的治癒の法理は、審査請求・再審査請求の論述の中ではよく使うものなので、ぜひ覚えておきましょう（26ページ参照）。

　再審査請求では、公開審理があります。請求人とともに出席する場合には、想定問答をしっかりとやっていかねばなりません。
　本件再審査請求の公開審理は、代理人のみ出席ですので、当日の主張を整理しておけば準備万端です。診断書を見る限り、障害の状態が2級に認定されるか非常に厳しい状況であると考え、公開審理では争点を初診日一つに絞って意見陳述を行いました。初診日さえ平成8年で認定されれば、障害状態については事後重症での再請求ができることをふまえての判断です。
　争点が複数ある場合、欲張ってすべてを主張しに行くと、論点や争点がぼやけてしまうことがありますので、気をつけましょう。
　不服申立は、広い視野で作戦・戦略を立てていくことが肝要です。

審査会の裁決書

公開審理終了後、2～3か月で裁決書の謄本が送付されます。

平成24年（国）第ＸＸＸ号

裁　決　書

再審査請求人

　　　　　　　　　　　　東京都中央区築地〇-〇-〇
　　　　　　　　　　　　　　　　日　本　橋　花　子
　　　　　　　　　　　　　　　　昭和54年11月26日生
　　　　　　　　　　　　　　　　　（2111-987654）

再審査請求代理人

　　　　　　　　　　　　東京都千代田区岩本町〇-〇-〇
　　　　　　　　　　　　　　　　法　令　一　郎

原処分をした保険者

　　　　　　　　　　政　　府

原処分をした保険者の機関

　　　　　　　　　　　　東京都千代田区霞が関１-２-２
　　　　　　　　　　　　　　　　厚　生　労　働　大　臣

審査の決定をした社会保険審査官

　　　　　　　　　　　　関東信越厚生局社会保険審査官
　　　　　　　　　　　　　　　　関　東　一　雄

主　文

本件再審査請求を棄却する。

理　由

第1　再審査請求の趣旨

　再審査請求人（以下「請求人」という。）による再審査請求の趣旨は、障害基礎年金の支給を求めるということである。

第2 再審査請求の経過

1 請求人は、妄想性障害（以下「当該傷病」という。）により障害の状態にあるとして、平成24年1月31日（受付）、厚生労働大臣に対し、事後重症による請求として障害基礎年金の裁定を請求した。なお、裁定請求書には、当該傷病の初診日として「平成8年5月10日」と記載されている。

2 厚生労働大臣は、平成24年4月19日付で、請求人に対し、当該傷病の初診日を平成14年7月11日と認定した上で、当該傷病の初診日の前日において、障害基礎年金を受けるために必要な保険料納付要件を満たしていないとして、障害基礎年金を支給しない旨の処分（以下「原処分」という。）をした。

3 請求人は、原処分を不服として、関東信越厚生局社会保険審査官に対する審査請求を経て、当審査会に対し、再審査請求をした。その不服の理由は、請求人の当該傷病に係る初診日は、請求人が20歳未満であった平成8年5月10日であるということである。

第3 問題点

1 障害基礎年金を受けるためには、①対象となる障害の状態が、国民年金法（以下「国年法」という。）施行令別表に掲げる障害の程度（障害等級1級及び2級）に該当すること、②当該障害の原因となった傷病の初診日の前日において、（ア）当該初診日の属する月の前々月までに被保険者期間があり、かつ、当該被保険者期間に係る保険料納付済期間と保険料免除期間とを合算した期間が当該被保険者期間の3分の2以上であること、（イ）当該初診日の属する月の前々月までに被保険者期間があり、かつ、当該初診日の属する月の前々月までの1年間がすべて保険料納付済期間及び保険料免除期間で満たされていること（以下、この②の要件を「保険料納付要件」という。）を必要とするが、上記初診日において20歳到達前であった者の場合に限り、保険料納付要件が必要とされないことになっている（国年法第30条第1項、第30条の2第1項及び第2項、第30条の4ならびに国民年金法等の一部を改正する法律（昭和60年法律第34号）附則第20条）。

2 本件の場合、保険者は、請求人の当該傷病に係る初診日（以下「本件初診日」という。）を、平成14年7月11日と認定した上で、原処分を行ったのに対し、請求人は、第2の3に記載したように主張するのであるから、本件の問題点は、まずは、本件初診日がいつかということである。

第4 当審査会の判断

1 本件初診日について判断する。

（1） 初診日に関する証明資料は、国年法が、発病又は受傷の日ではなく、初診日を障害基礎年金の受給権発生の基準となる日と定めている趣旨からいって、直接診療に関与した医師又は医療機関が作成したもの、又はこれに準ずるような証明力の高い資料でなければならないと解するのが相当で

ある。

　　また、国年法上の障害の程度を認定するためのより具体的な基準として、社会保険庁により発出され、同庁の廃止後は厚生労働省の発出したものとみなされて、引き続きその効力を有するものとされ、当審査会も、障害の認定及び給付の公平を期するための尺度としてそれに依拠するのが相当であると考える「国民年金・厚生年金保険障害認定基準」（以下「認定基準」という。）は、「第1　一般的事項」の「3　初診日」で、「初診日」とは、「障害の原因となった傷病につき、初めて医師又は歯科医師の診療を受けた日をいう。」としているところ、障害の原因となった傷病の前に、その傷病と相当因果関係があると認められる傷病があるときは、最初の傷病の初診日をもって、障害の原因となった傷病の初診日とするのが相応である。

（2）　本件についてこれをみると、本件で本件初診日に関する客観的資料として取り上げなければならないのは、①千代田病院精神神経科・太田浩医師作成の診断書（平成24年1月21日現症。同日付）、②港病院・山田浩二医師作成の受診状況等証明書（平成23年12月26日付）、③足立病院・朝田学医師作成の受診状況等証明書（平成24年2月27日付）であり、これらをおいて他に存しない。そして、①には、傷病名として当該傷病が掲げられ、そのため初めて医師の診療を受けた日「平成8年5月10日（本人の申立て）」と記載されているが、診断書作成医療機関における初診年月日は「平成24年1月7日」とされている。②は、傷病名として「神経症」を掲げ、発病年月日「平成7年12月」、傷病の原因又は誘因「不詳」、発病から初診までの経過「平成7年頃から過食嘔吐を繰り返すようになり、そのため、平成8年5月10日港病院受診。」、初診年月日「平成8年5月10日」、終診年月日「平成8年5月10日」、終診時の転帰「中止」、初診から終診までの治療内容及び経過の概要「摂食障害の範疇の疾患と判断し、薬物療法および精神療法施行するも、結局1回のみで中断となった。③は、傷病名として「抑うつ状態」を掲げ、発病年月日「平成14年4月頃」、傷病の原因又は誘因「不詳」…（中略）…と記載され、これらの記載は「当時の診療録より記載したものです。」とされている。

　　以上によれば、請求人は、平成24年1月7日に千代田病院にて当該傷病と診断されているが、それより前の平成8年5月10日に港病院を受診して、神経症と診断されていることが認められるところ、それは当該傷病と相当因果関係がある傷病と認められるので、本件初診日は、同日と認定するのが相当である。

　　そうすると、請求人は、本件初診日においては、20歳到達前であったことになり、前記第3の1に掲記したとおり、保険料納付要件を必要としないことになる。

2　その余の受給要件について判断する。
（1）　裁定請求日当時における請求人の当該傷病による障害の状態（以下、こ

れを「本件障害の状態」という。）が、国年令別表に掲げ得る程度に該当しているかどうかを検討するに、本件障害の状態について、上記①の診断書から必要部分を摘記すると、次のとおりである。

傷病名：妄想性障害　ICD-10コード（F 22）
　発病から現在までの病歴及び治療の経過、内容、期間等（請求人の陳述による。平成24年1月7日聴取）
　　（略）
これまでの発育・養育歴等
　発育・養育歴：特記すべき所見はなし
　教育歴：高校（普通学級）中退
　職歴：短期のアルバイトをしたことがある

治療歴

医療機関名	治療期間	入院外来	病名	主な療法	転帰
港病院	平成8年5月～平成8年5月	外来	神経症	薬物療法	不変
足立病院	平成14年7月～平成15年9月	外来	妄想性障害	〃	〃
荒川病院	平成15年9月～平成23年12月	外来	統合失調症	〃	軽快
千代田病院	平成24年1月～現在	外来	妄想性障害	薬物療法 精神療法	不変

障害の状態（平成24年1月21日現在）
　現在の病状又は状態像
　　抑うつ状態：思考・運動制止、憂うつ気分
　　幻覚妄想状態等：妄想
具体的な程度・病状
　　環境要因をきっかけに抑うつ気分、億劫、意欲低下を呈することが多く、支持的精神療法ならびに心理士の専門的カウンセリングを要する。
　　被害妄想に関しても心理士の専門的カウンセリングならびに抗精神薬による加療を要する。
日常生活状況
　家庭及び社会生活についての具体的な状況
　　現在の生活環境：在宅、同居者（有）
　　全般的状況：両親と同居しており、家族との関係は良好であるが、周囲との交流はない
日常生活能力の判定
　適切な食事：自発的にできるが時には助言や指導を必要とする
　身辺の清潔保持：自発的にできるが時には助言や指導を必要とする
　金銭管理と買い物：助言や指導があればできる
　通院と服薬（要）：助言や指導があればできる
　他人との意思伝達及び対人関係：助言や指導があればできる

身辺の安全保持及び危機対応：助言や指導があればできる
　　社会性：助言や指導があればできる
　日常生活能力の程度（精神障害）
　　3　精神障害を認め、家庭内での単純な日常生活はできるが、時に応じて援助が必要である。
　現症時の就労状況：現在就労はしていない
　身体所見（神経学的な所見を含む。）：特記すべき所見はない
　臨床検査（心理テスト・認知検査、知能障害の場合は、知能指数、精神年齢を含む。）：特記すべき所見はない
　福祉サービスの利用状況：利用なし
　現症時の日常生活活動能力及び労働能力：労務は不能と思われる。
　予後：不良

（2）当該傷病による障害で、障害等級2級の障害基礎年金が支給される障害の程度としては、国年令別表に、「精神の障害であって、前各号と同程度（注：日常生活が著しい制限を受けるか、又は日常生活に著しい制限を加えることを必要とする程度）以上と認められる程度のもの」（16号）が掲げられている。

　　認定基準の第2／障害認定に当たっての基本的事項「1　障害の程度」によれば、上記の「日常生活が著しい制限を受けるか又は日常生活に著しい制限を加えることを必要とする程度」とは、必ずしも他人の助けを借りる必要はないが、日常生活は極めて困難で、労働により収入を得ることができない程度のもので、例えば、家庭内の極めて温和な活動（軽食作り、下着程度の洗濯等）はできるが、それ以上の活動はできないもの又は行ってはいけないもの、すなわち、病院内の生活でいえば、活動の範囲がおおむね病棟内に限られるものであり、家庭内の生活でいえば、活動の範囲がおおむね家屋内に限られるものである、とされている。

（3）認定基準の第3第1章第8節／精神の障害によると、精神の障害の程度は、その原因、諸症状、治療及びその病状の経過、具体的な日常生活状況等により、総合的に認定するものとし、日常生活が著しい制限を受けるか又は日常生活に著しい制限を加えることを必要とするとする程度のものを2級に該当するものとされ、精神の障害は、「統合失調症、統合失調症型障害及び妄想性障害」、「気分（感情）障害」、「症状性を含む器質性精神障害」、「てんかん」、「知的障害」、「発達障害」に区分するとされているところ、統合失調症、統合失調症型障害及び妄想性障害（以下「統合失調症」という。）による障害で障害等級2級に相当すると認められるものを一部例示するとして、「残遺状態又は病状があるため人格変化、思考障害、その他妄想・幻覚等の異常体験があるため、日常生活が著しい制限を受けるもの」が掲げられ、統合失調症は、予後不良の場合もあり、国年令別表・厚年令別表第1に定める障害の状態に該当すると認められるものも多いが、罹病後数年

ないし十数年の経過中に症状の好転を見ることもあり、また、その反面急激に増悪しその状態を持続することもあるので、統合失調症として認定を行うものに対しては、発病時からの療養及び症状の経過を十分考慮するとされ、日常生活能力等の判定に当たっては、身体的機能及び精神的機能、特に、知情意面の障害も考慮の上、社会的な適応性の程度によって判断するよう努め、また、現に仕事に従事している者については、その療養状況を考慮し、その仕事の種類、内容、従事している期間、就労状況及びそれらによる影響も参考とするとされている。

(4) 前記(1)で認定した事実によれば、請求人は、平成7年頃から過食嘔吐と被害妄想を認めており、平成8年5月10日に港病院を受診し、神経症と診断されたが、受診はその日のみで経過していたところ、平成15年に至り、妄想、幻聴体験を主訴として再度港病院を受診し、その後複数のクリニックを転々とした後、平成24年1月7日に千代田病院を初診し、本件障害の状態(平成24年1月21日現症)は、現在の病状又は状態像として、抑うつ状態(思考・運動制止、憂うつ気分)、幻覚妄想状態等(妄想)が認められ、精神療法ならびに心理士の専門的カウンセリングを要し、被害妄想に関しても心理士の専門的カウンセリングならびに抗精神薬による加療を要するとされ、日常生活状況は、両親と同居しており、家族との関係は良好であるが、周囲との交流はないとされ、現症時の日常生活活動能力及び労働能力は、労務は不能とされ、日常生活能力の判定は、金銭管理と買い物、通院と服薬(要)、他人との意思伝達及び対人関係、身辺の安全保持及び危機対応、社会性は助言や指導があればできる程度とされているものの、適切な食事、身辺の清潔保持は自発的にできるが時には助言や指導を必要とする程度で、日常生活能力の程度は(3)とされている。

したがって、このような状態を、上記(2)及び(3)に示した認定基準の定めるところに照らして総合勘案するならば、それは上記統合失調症で2級に相当すると認められる例示に至っているとまではいえず、日常生活が著しい制限を受けるか又は日常生活に著しい制限を加えることを必要とする程度には該当しない。

(5) 以上によれば、本件障害の状態は、国年令別表に掲げる2級の程度に該当しないと認めるのが相当であるから、原処分は結論として妥当であって、これを取り消すことはできない。

以上の理由によって、主文の通り裁決する。

平成25年4月26日

社会保険審査会

```
        審査長      ○○　○○
        審査員      ○○　○○
        審査員      ○○　○○

以上は謄本である。

平成25年4月26日
                                            社会保険審査会委員長
```

まとめ

2つの争点に対する審査会の判断と最終結論は、以下のとおりです。

（1） 初診日についての判断 → 平成8年5月10日と認定

「…以上によれば、請求人は、平成24年1月7日に千代田病院にて当該傷病と診断されているが、それより前の平成8年5月10日に港病院を受診して、神経症と診断されていることが認められるところ、それは当該傷病と相当因果関係がある傷病と認められるので、本件初診日は、同日とするのが相当である。…。」

（2） 障害等級についての判断 → 等級不該当（＝不支給）

「…認定基準の定めるところに照らして総合勘案するならば、それは上記統合失調症で2級に相当すると認められる例示に至っているとまではいえず、…該当しない。」

（3） 最終結論

原処分の結論である「不支給」と審査会の結論である「不支給」が同一であるため、裁決は「棄却」となりましたが、初診日認定が原処分を覆す内容であり、請求人の事後重症請求権を守ることができたことは、事実上の容認裁決であるといえます。

【補足1】

本事案では、再審査請求時に主治医の意見を提出していますが、裁定請求時や審査請求時に提出しても構いません。

【補足2】

本件のように再審査請求において初診日が認定された場合であって、その初診日をもって事後重症請求をする場合、裁決書謄本の写しを添付することで初診日の証明（受診状況等証明書）に代えることができます。

事例 2　傷病混在の難病の事例

事案の概要

1) 請求人は、Ｚさん（40歳代男性）
2) 脳性麻痺による上肢・体幹機能障害で障害基礎年金２級受給中
3) 成人後、厚生年金保険加入中にジストニアを発症
4) ジストニアによって下肢機能障害および言語機能障害を負った
5) ジストニアで障害厚生年金を事後重症請求（平成23年２月）
6) 当該裁定請求は却下処分（障害状態が確認できないため）
7) 審査請求を行ったが棄却（保険者意見とまったく同じ考え）
8) 再審査請求で、言語機能障害３級のみ認められた（一部容認）

本件障害認定における問題点

　ジストニア発症前に、脳性麻痺に由来するヘルニアによって平成19年７月に下肢痛および下肢機能障害があり、以下のような傷病の経過となったため、ジストニアによる障害状態を区別することが困難な状況が発生した（下図参照）。

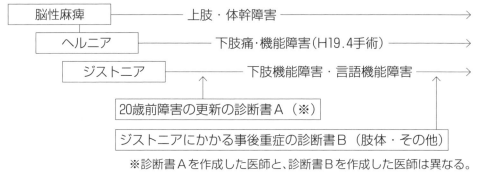

※診断書Ａを作成した医師と、診断書Ｂを作成した医師は異なる。

　診断書Ａを引き合いに出し、診断書Ｂの障害状態（ジストニアによる障害状態）を判別することができないとして、保険者は却下処分をした。

診断書Aの「日常生活動作の障害の程度」　平成19年7月現症

日常生活動作	右	左	日常生活動作	右	左
つまむ	△×	△×	片足で立つ	×	×
にぎる	△×	△×	座る（正座・横すわり・あぐら・脚なげだし）	△×	△×
タオルを絞る	両手	△×			
ひもを結ぶ	両手	△×	深くおじぎ（最敬礼）をする	△×	△×
さじで食事をする	△×	△×	歩く	屋内	屋外
顔を洗う	△×	△×		△×	△×
用便の処置をする（前）	△×	△×	立ち上がる	ウ）支持があればできるが非常に不自由	
用便の処置をする（尻）	△×	△×			
上着の着脱（かぶり）	両手	△×	階段を登る	ウ）手すりがあればできるが非常に不自由	
上着の着脱（ボタン）	両手	△×			
ズボンの着脱	両手	△×	階段を降りる	ウ）手すりがあればできるが非常に不自由	
靴下を履く	両手	△×			

診断書Bの「日常生活動作の障害の程度」　平成23年2月現症

日常生活動作	右	左	日常生活動作	右	左
つまむ	△×	△×	片足で立つ	×	×
にぎる	○△	○△	座る（正座・横すわり・あぐら・脚なげだし）	○△	○△
タオルを絞る	両手	○			
ひもを結ぶ	両手	△×	深くおじぎ（最敬礼）をする	○	○
さじで食事をする	○△	○△	歩く	屋内	屋外
顔を洗う	○	○		○△	△×
用便の処置をする（前）	○	○	立ち上がる	ウ）支持があればできるがやや不自由	
用便の処置をする（尻）	○	○			
上着の着脱（かぶり）	両手	○△	階段を登る	ウ）手すりがあればできるが非常に不自由	
上着の着脱（ボタン）	両手	△×			
ズボンの着脱	両手	○	階段を降りる	ウ）手すりがあればできるが非常に不自由	
靴下を履く	両手	○			

●診断書B（その他） ※現行の様式にて表示しています。

様式第120号の7

国民年金 / 厚生年金保険　　診　断　書　　（血液・造血器 / その他 の障害用）

（他）

（フリガナ）			
氏名	Z	生年月日 昭和・平成 ○年○月○日生（○歳）	性別 男・女

住所　住所地の郵便番号 ○○○-○○○○　東京 都道府県　○○郡市区　○○町○-○-○

① 障害の原因となった傷病名：ジストニア

② 傷病の発生年月日：昭和・平成 19年7月○日　（診療録で確認・本人の申立て）

③ ①のため初めて医師の診療を受けた日：昭和・平成 19年7月○日　（診療録で確認・本人の申立て）

④ 傷病の原因又は誘因：不詳　初診年月日（昭和・平成　年　月　日）

⑤ 既存障害：×

⑥ 既往症：脳性麻痺

傷病が治った（症状が固定して治療の効果が期待できない状態を含む。）かどうか。
傷病が治っている場合………治った日　平成　年　月　確認・推定
傷病が治っていない場合………症状のよくなる見込　有・無・(不明)

⑧ 診断書作成医療機関における初診時所見
初診年月日（昭和・平成21年7月○日）
首の不随意運動、斜頸

⑨ 現在までの治療の内容、反応、期間、経過、その他の参考となる事項
投薬治療でも改善せず、平成20年4月脳深部刺激療法施行

診療回数　年間10回、月平均1回
手術歴　手術名　同左　　手術年月日（　年　月　日）

⑩ 現在の症状、その他参考となる事項

⑪ 計測（平成23年2月○日測定）
身長　○cm　体重 現在 ○kg　健康時 kg
握力　右 19.5kg 左 20.0kg
視力　右眼 裸眼 矯正　左眼 裸眼 矯正
視野　調節機能
聴力レベル　右耳 dB 左耳 dB　最良語音明瞭度 ％
血圧　最大 mmHg 最小 mmHg

⑫ 一般状態区分表（平成23年2月○日）（該当するものを選んでどれか一つを○で囲んでください。）
ア　無症状で社会活動ができ、制限を受けることなく、発病前と同等にふるまえるもの
イ　軽度の症状があり、肉体労働は制限を受けるが歩行、軽労働や座業はできるもの　例えば、軽い家事、事務など
(ウ)　歩行や身のまわりのことはできるが、時に少し介助が必要なこともあり、軽労働はできないが、日中の50％以上は起居しているもの
エ　身のまわりのある程度のことはできるが、しばしば介助が必要で、日中の50％以上は就床しており、自力では屋外への外出等がほぼ不可能となったもの
オ　身のまわりのこともできず、常に介助を必要とし、終日就床を強いられ、活動の範囲がおおむねベッド周辺に限られるもの

障　害　の　状　態

⑬ 血液・造血器（平成　年　月　日現症）

1 臨床所見
(1) 自覚症状
易疲労感（無・有・著）
動悸（無・有・著）
息切れ（無・有・著）
発熱（無・有・著）
紫斑（無・有・著）
月経過多（無・有・著）
関節症状（無・有・著）
(2) 他覚所見
易感染性（無・有・著）
リンパ節腫脹（無・有・著）
出血傾向（無・有・著）
血栓傾向（無・有・著）
肝腫（無・有・著）
脾腫（無・有・著）

(3) 検査成績
ア 末梢血液検査（平成　年　月　日）
ヘモグロビン濃度（　）g/dL
血小板（　）万/μL
網赤血球（　）万/μL
白血球（　）/μL
好中球（　）/μL
リンパ球（　）/μL
病的細胞（　）％

イ 凝固系検査（平成　年　月　日）
凝固因子活性（　因子）％
vWF活性（　）％
インヒビター（無・有）
APTT（　）秒（基準値　秒）
PT（　）秒（基準値　秒）
ウ その他の検査
画像検査（検査名　　）（平成　年　月　日）
所見（　）
他の検査（検査名　　）（平成　年　月　日）
所見（　）

2 治療状況
赤血球輸血（月　回）　血小板輸血（月　回）
補充療法（月　回）　新鮮凍結血漿（月　回）
造血幹細胞移植（無・有）有の場合（平成　年　月　日）
慢性GVHD（無・有）有の場合（軽症・中等症・重症）
所見

3 その他の所見

本人の障害の程度及び状態に無関係な欄には記入する必要はありません。（無関係な欄は、斜線により抹消してください。）

⑭ 免疫機能障害　(平成　年　月　日現症)

1 検査成績

検査項目 検査日	単位	・ ・	・ ・	平均値
CD4陽性Tリンパ球数	/μL			

(現症日以前の4週間以上の間隔をおいて実施した連続する直近2回の検査結果を記入し、一番右の欄にはその平均値を記入してください。)

検査項目 検査日	単位	・ ・	・ ・
白血球数	/μL		
ヘモグロビン量	g/dL		
血小板数	万/μL		
HIV-RNA量	コピー/mL		

(現症日以前の4週間以上の間隔をおいて実施した連続する直近2回の検査結果を記入してください。)

2 身体症状等

①1日1時間以上の安静臥床を必要とするほどの強い倦怠感及び易疲労感が月に7日以上ある　　　　　　　　　　　　　　　(有 ・ 無)
②病態の進行のため、健時に比し10%以上の体重減少がある　(有 ・ 無)
③月に7日以上の不定の発熱(38℃以上)が2ヶ月以上続く　(有 ・ 無)
④1日に3回以上の泥状ないし水様下痢が月に7日以上ある　(有 ・ 無)
⑤1日に2回以上の嘔吐あるいは30分以上の嘔気が月に7日以上ある　　　　　　　　　　　　　　　　　　　　　　　　　(有 ・ 無)
⑥動悸や息苦しくなる症状が毎日のように出現する　(有 ・ 無)
⑦抗HIV療法による日常生活に支障を生じる副作用がある
　(①～⑥の症状を除く)(抗HIV療法を実施している場合)　(有 ・ 無)
⑧生鮮食料品の摂取禁止等の日常生活活動上の制限が必要である　(有 ・ 無)
⑨1年以内に口腔内カンジダ症、帯状疱疹、単純ヘルペスウイルス感染症、
　伝染性軟属腫、尖圭コンジローム等の日和見感染症の既往がある　(有 ・ 無)
⑩医学的な理由により抗HIV療法ができない状態である　(はい・いいえ)

3 現在持続している副作用の状況
□代謝異常 □リポアトロフィー □肝障害 □腎障害 □精神障害 □神経障害
□その他(薬剤名、服薬状況及び副作用の状況)

4 エイズ発症の既往の有無
有 ・ 無

5 回復不能なエイズ合併症のため介助なくしては日常生活がほとんど不可能な状態である
はい ・ いいえ

6 肝炎の状況　(□薬剤性・□B型・□C型・□その他(　　))(肝炎を発症している場合は必ず記載してください。)

(1) 検査所見

検査項目 検査日	単位	・ ・	・ ・
血清アルブミン	g/dL		
AST(GOT)			
ALT(GPT)			
プロトロンビン	%		
時間	延長秒		
総ビリルビン(※)	mg/dL		

(2) 臨床所見

食道静脈瘤　無・有　(内視鏡による、X線造影による、その他(　))
肝硬変　　　無・有　(代償性、非代償性)
肝細胞癌　　無・有
肝性脳症　　無・有　(1年以内に発症したことがある)
腹水　　　　無・有・著
消化管出血　無・有　(1年以内に発症したことがある)
(※ ビリルビン値の上昇をきたす薬剤の使用　無・有)

⑮ その他の障害　(平成23年2月○日現症)

1 症状

(1) 自覚症状
- 右肩のふるえ、斜頸(左側)
- 筋肉の不随意運動
- 不随意運動を起こしてしまうのではないかという不安
- 考えがまとまらずうまく言葉に表せないことがある

(2) 他覚所見
- 主に不随意運動(ジストニア様症状)
- 右肩、上肢のふるえ、硬直があり時には細かな作業が困難となる
- 構音障害(日常会話が家族にも理解できないことがあり、他人はさらに理解困難)
- 足元のふらつきが強く歩行に障害あり(歩調コントロールの不良)

2 検査成績

(1) 血液・生化学検査

検査項目 検査日	単位	施設基準値	・ ・	・ ・
赤血球数	万/μL			
ヘモグロビン濃度	g/dL			
ヘマトクリット	%			
血清総蛋白	g/dL			
血清アルブミン	g/dL			

(2) その他の検査成績

3 人工臓器等

(1) 人工肛門造設　無・有　造設年月日：平成　年　月　日　　(4) 自己導尿の常時施行　無・有　開始年月日：平成　年　月　日
　　　　　　　　　　　　　閉鎖年月日：平成　年　月　日　　　　　　　　　　　　　　　　　　　　終了年月日：平成　年　月　日
(2) 尿路変更術　　無・有　造設年月日：平成　年　月　日　　(5) 完全尿失禁状態　　　無・有　(カテーテル留置：平成　年　月　日)
　　　　　　　　　　　　　閉鎖年月日：平成　年　月　日
(3) 新膀胱造設　　無・有　手術年月日：平成　年　月　日　　(6) その他の手術　　　　無・有　(　　　　)平成　年　月　日

⑯ 現症時の日常生活活動能力及び労働能力(必ず記入して下さい)	脳性麻痺による両上肢機能障害、体幹機能障害がある。またそこへジストニアによる不随意運動が重複した様な症状を呈するため日常生活での制約は大いにある。ジストニアによる不随意運動が出現した際、ふるえや斜頸、発声困難がみられる。現在、日常生活を自己にて行うことは困難と考えられる。現在の状態では当分の就労は不可能であると判断する。
⑰ 予後(必ず記入して下さい)	根治困難
⑱ 備考	脳性麻痺とジストニアの因果関係はないものと考える

上記のとおり、診断します。　　　　　　平成23年2月○日
　　病院又は診療所の名称　〇〇〇〇　　　　　　　診療担当科名　脳神経外科
　　所　　在　　地　〇〇県〇〇市〇〇町〇-〇-〇　医師氏名　〇〇〇〇　　　　印

● 診断書B（肢体）　※平成23年2月当時の様式にて表示しています。

様式第120号の3

㊜ 国民年金 厚生年金保険　診　断　書　（肢体の障害用）

（フリガナ）氏名	Z	昭和・平成 ○年○月○日生（○歳）　男・女
住所	住所地の郵便番号 ○○○-○○○○　○○郡市区　○○町○-○-○	
① 障害の原因となった傷病名	ジストニア	② 傷病の発生年月日　昭和・平成 19年7月○日
		③ ①のため初めて医師の診療を受けた日　昭和・平成 19年7月○日
④ 傷病の原因又は誘因　不詳　初診年月日（昭和・平成　年　月　日）	⑤ 既存障害	⑥ 既往症
⑦ 傷病が治った（症状が固定して治療の効果が期待できない状態を含む。）かどうか。	傷病が治っている場合　治った日　平成　年　月　日　確認・推定	
	傷病が治っていない場合　症状のよくなる見込　有・無・**不明**	
⑧ 診断書作成医療機関における初診時所見　初診年月日（昭和・平成 21年7月○日）	頚の不随意運動　斜頚　構音障害あり	
⑨ 現在までの治療の内容、期間、経過、その他参考となる事項	投薬治療でも症状改善みられず、平成20年4月脳深部刺激療法を施行した。	診療回数　年間 10回　月平均 1回

障害の状態　（平成 23年2月○日現症）

⑩ 計測　身長 ○cm　体重 ○kg　血圧 最大 128mmHg　最小 88mmHg

⑪ 切・離断

部位	手関節	前腕	肘関節	上腕	肩関節	リスフラン関節	ショパール関節	足関節	下腿	膝関節	大腿	股関節
右												
左												

切・離断日　平成　年　月　日
創面治ゆ日　平成　年　月　日

神経・運動障害　断端の痛み 有・無　　すぐ上の関節の異常 有・無（有の場合は⑰欄に記入してください）

⑫ 脊柱の障害

随伴する脊髄・根症状などの臨床症状

部位	運動の種類	前屈	後屈	右側屈	左側屈	右回旋	左回旋
頚部	自動的	30	50	20	20		
	他動的	30	50	25	25		
胸腰部	自動的	30	0	20	20		
	他動的	30	0	20	20		

⑬ 麻痺

外観　弛緩性・硬直性・**不随意運動性**・失調性・強剛性・しんせん性
起因部位　**脳性**・脊髄性・末梢神経性・筋性・その他（心因性のものと思われる場合は、その旨記してください）
種類及びその程度　知覚麻痺（脱失・鈍麻・過敏・異常）　運動麻痺

反射	右				左			
	上肢	下肢	バビンスキー反射	その他の病的反射	上肢	下肢	バビンスキー反射	その他の病的反射
	正常	正常	―	―	正常	正常	―	―

その他　排尿障害 有・**無**　排便障害 有・**無**　褥創又はその瘢痕 有・**無**

⑭ 人工骨頭・人工関節の装着の状態　部位　×　手術日　平成　年　月　日

⑮ 握力　右 19kg　左 20kg

⑯ 手（足）指関節の自動可動域

部位		母指		示指		中指		環指		小指	
		屈曲	伸展	屈曲	伸展	屈曲	伸展	屈曲	伸展	屈曲	伸展
中手（足）指節間関節（MP）	右	50	−10	90	−30	90	−30	90	−20	90	−10
	左	50	−10	80	10	90	20	90	0	90	30
近位指節間関節（PIP）（母指では指節間関節）	右	60	10	90	−30	100	−30	100	−30	80	−20
	左	60	30	90	−20	90	−10	90	−10	90	−10

本人の障害の程度及び状態に無関係な欄には記入する必要はありません。（無関係な欄は、斜線により抹消してください）

⑰ 関節可動域及び運動筋力

（お願い）関節可動域は、健側についても記入してください。

障害の状態　（平成23年2月○日現症）

部位	運動の種類	右 強直肢位	右 自動可動域	右 他動可動域	右 正常	右 やや減	右 半減	右 著減	右 消失	左 強直肢位	左 自動可動域	左 他動可動域	左 正常	左 やや減	左 半減	左 著減	左 消失
肩関節	屈曲		130	140		○					130	140		○			
	伸展		30	30		○					20	30		○			
	内転		0	0		○					0	0		○			
	外転		140	140		○					140	150		○			
肘関節	屈曲		120	130		○					110	120		○			
	伸展		0	0		○					0	0		○			
手関節	背屈		60	60		○					60	60		○			
	掌屈		45	45		○					45	45		○			
股関節	屈曲		130	135		○					135	135		○			
	伸展		10	10		○					10	10		○			
	内転		30	30		○					30	30		○			
	外転		40	40		○					40	40		○			
膝関節	屈曲		135	135		○					135	135		○			
	伸展		0	0		○					0	0		○			
足関節	背屈		0	0		○					0	10		○			
	底屈		40	40		○					40	40		○			

股関節屈曲角度は次の何方ですか
1. 膝屈曲位
2. 膝伸展位

⑱ 四肢長及び四肢囲

	右 上肢長	上腕囲	前腕囲	下肢長	大腿囲	下腿囲	左 上肢長	上腕囲	前腕囲	下肢長	大腿囲	下腿囲
cm	cm	cm	cm	cm	cm	cm	cm	cm	cm	cm	cm	cm

⑲ 日常生活動作の障害の程度

補助用具を使用しない状態で判断してください

- 一人でうまくできる場合には………「○」
- 一人でできてもやや不自由な場合には………「○△」
- 一人でできるが非常に不自由な場合には………「△×」
- 一人で全くできない場合には………「×」

該当する記号を下欄に記入してください。

日常生活動作	右	左	日常生活動作	右	左
a つまむ（新聞紙が引き抜けない程度）	△×	△×	m 片足で立つ	×	×
b 握る（丸めた週刊誌が引き抜けない程度）	○△	○△	n 座る〔正座・横すわり・あぐら・脚なげだし〕（このような姿勢を持続する）	○△	
c タオルを絞る（水をきれる程度）	両手				
d ひもを結ぶ	両手	△×	o 深くおじぎ（最敬礼）をする	○	
e さじで食事をする	○△	○△	p 歩く（屋内）	○	
f 顔を洗う（顔に手のひらをつける）	○	○	q 歩く（屋外）	△×	
g 用便の処置をする（ズボンの前のところに手をやる）	○	○	r 立ち上がる	ア 支持なしができるがやや不自由　**イ 支持があればできる**　ウ 支持があればできるが非常に不自由　エ 支持があってもできない		
h 用便の処置をする（尻のところに手をやる）	○	○			
i 上衣の着脱（かぶりシャツを着て脱ぐ）	両手	○△	s 階段を登る	ア 手すりなしでできる　イ 手すりがあればできるがやや不自由　**ウ 手すりがあればできるが非常に不自由**　エ 手すりがあってもできない		
j 上衣の着脱（ワイシャツを着てボタンをとめる）	両手	△×			
k ズボンの着脱（どのような姿勢でもよい）	両手		t 階段を降りる	ア 手すりなしでできる　イ 手すりがあればできるがやや不自由　**ウ 手すりがあればできるが非常に不自由**　エ 手すりがあってもできない		
l 靴下を履く（どのような姿勢でもよい）	両手				

平衡機能
1. 開眼での起立・立位保持の状態
   - ア 可能である。
   - **イ 不安定である。**
   - ウ 不可能である。
2. 開眼での直線の10m歩行の状態
   - ア まっすぐ歩き通す。
   - **イ 多少転倒しそうになったりよろめいたりするがどうにか歩き通す。**
   - ウ 転倒あるいは著しくよろめいて、歩行を中断せざるを得ない。
3. 自覚症状・他覚所見及び検査所見

⑳ 補助用具使用状況

1. 上肢補装具　2. 下肢補装具（左・右）
3. 杖（　）　4. 松葉杖（左・右）
5. 車椅子　6. 歩行車
7. その他（具体的に）

- ア 常時（起床より就寝まで）使用
- イ ときどき使用
- **ウ 使用せず**

左記の使用状況について、くわしく記入してください。

㉑ その他の精神・身体の障害の状態

脳性麻痺による両上肢機能障害、体幹機能障害があり、そこへジストニアによる不随意運動が重複したような症状を示す。症状の軽重により疾病に対する不安、緊張感を訴えることあり。

言語障害がある場合は該当するものを1つ○で囲んでください。

会話状態
1. 日常会話が誰が聞いても理解できる。
2. 電話による会話が家族は理解できるが、他人は理解できない。
3. 日常会話が家族は理解できるが、他人は理解できない。
4. 日常会話が誰が聞いても理解できない。

㉒ 現症時の日常生活活動能力及び労働能力（必ず記入してください）

（補助用具を使用しない状態で判断してください）
脳性麻痺による両上肢機能障害、体幹機能障害があるので日常生活はかなり制約されている。頸、肩周囲の不随意運動発作時には震えや硬直が強くなり細かな手作業は不可となる。

㉓ 予後（必ず記入してください）

日常生活は非常に不自由ながら行えるが、現在の状況は当分就労不可。
二度の手術により症状の軽減は認められるが根治することは困難。

㉔ 備考

上記のとおり、診断します。　平成23年5月○日

病院又は診療所の名称　　　　　　　　　診療担当科名　脳神経外科
　○○○○

所在地　　　　　　　　　　　　　　　　医師氏名　○○○○　㊞
　○○県○○市○○町○−○−○

基本方針、争点等の整理

（1） 裁定請求における基本方針（審査請求・再審査請求を見据えて）
① 認定不能（傷病混在）を回避すべく「その他の障害用」で裁定請求
　→保険者から「肢体の障害用」の提出指示あり
② 障害基礎年金の傷病コードは「17（脊柱の疾患）」で永久認定
③ 現主治医の所見では、脳性麻痺は上肢と体幹の障害（②と齟齬なし）
　→診断書Aの下肢の○△×はヘルニア術後の一時的悪化時期と判断
④ 下肢の機能、平衡機能、言語機能を中心に請求内容を検討

（2） 本件の争点
　却下処分の場合、二段論法（①認定可能である→②認定可能なので何級である）をとることになります。また、既存障害で障害年金を受けている場合には、過去の診断書との整合性も考えなければなりません。

> 争点1：傷病混在による認定不能ではないことを立証できるか
> 争点2：認定可能だとすると何級か

（3） 社会保険審査会公開審理における主張（口頭意見陳述）
① 診断書Aは、平成19年4月のヘルニア術後間もない時点の診断書であり、その障害状態は過大評価されている。
② 過大評価された診断書Aを引き合いに出して、診断書Bの障害状態が確認できないとする保険者の判断は、公平なものとはいえない。
③ ヘルニアの術後約4年経過しており、ヘルニアによる下肢機能障害は改善していると考えるのが自然で、診断書Bはジストニアによる下肢機能障害のみが反映されていると考えるべきである。
④ 結論として、ジストニアによる障害としては「言語機能障害」と「下肢機能障害」が評価することができ、脳性麻痺による上肢・体幹機能障害を合わせれば1級に該当している。

審査請求

審 査 請 求 書

平成23年 8 月25日

関東信越厚生局 社会保険審査官　殿

　　　　　　　請求人　住　所　東京都○○市○○町○-○-○
　　　　　　　　　　　氏　名　Z　　　　　　　　　㊞
　　　　　　　　　　　電　話　03-○○○○-○○○○
　　　　　　　代理人　住　所　東京都千代田区岩本町○-○-○
　　　　　　　　　　　氏　名　法令　一郎　　　　　㊞
　　　　　　　　　　　電　話　03-○○○○-○○○○
　　　　　　　　　　（請求人との関係　社会保険労務士）

つぎのとおり、審査請求します。

被保険者もしくは被保険者であった者	住　所	東京都○○市○○町○-○-○	「記号および番号」欄には、被保険者証・年金手帳・年金証書の記号番号を記入してください。
	氏　名（ふりがな）	Z	
	生年月日	昭和44年11月26日	
	記号・番号	2111－998877	
	事業所名 所在地		電話
給付を受けるべき者	住　所		被保険者もしくは被保険者であった者の死亡にかかる給付について、審査請求をする場合にだけ記入してください。
	氏　名（ふりがな）		
	生年月日		
	死亡者との続柄		
原処分者	所在地	千代田区霞ヶ関 1 - 2 - 2	あなたが不服とする処分をした保険者等の代表者名を記入してください。
	名　称	厚生労働大臣	

事例 2　傷病混在の難病の事例

原処分があったことを知った日	平成23年7月28日	あなたが不服とする処分をあなたが知った日（その通知書をあなたが受け取った日）を記入してください。
審査請求の趣旨および理由	（審査請求の趣旨） 　請求人Z（以下「請求人」という。）は、平成23年2月25日に、事後重症による障害厚生年金を請求したが、同年7月13日付で却下処分を受けた。当該処分を取り消し、2級以上の障害認定を行ってもらいたい。 （理　　由） 　【別紙1】に記載。	あなたが、どんな処分を受けたので不服申立をするのか、その理由および社会保険審査官にどういう決定をしてもらいたいかを、なるべくくわしく記入してください。（別紙に書いても結構です。）
添付資料	【資料1】「年金請求書」 【資料1-1】「受診状況等証明書」 【資料1-2】「診断書」（その他の障害用） 【資料1-3】「病歴・就労状況等申立書」 【資料2-1】（略） 【資料2-2】（略） 【資料2-3】（略） 【資料3】「診断書」（肢体の障害用） 【資料4】却下通知（平成23年7月13日付） 【資料5-1】「ジストニア」概説（1） 　　　　　（難病医学研究財団／難病認定センター） 【資料5-2】「ジストニア」概説（2） 　　　　　（難病医学研究財団／難病認定センター） 【資料5-3】「ジストニア」概説（3） 　　　　（難病医学研究財団／難病認定センター） 【資料6】「脳深部刺激療法（DBS）」概説 　　　　　（国立精神・神経医療研究センター） 【資料7】障害認定枠の拡大を求める「要望書」 　　　　　（NPO法人ジストニア友の会） 【資料8】年金加入記録一式	ここには診断書等を証拠として提出するときに、それ等の文書や物件の名前を列記してください。
委任状	この審査請求については、法令一郎　㊞　を、私の代理人にいたします。 　　審査請求人氏名＿＿＿＿Z＿＿＿＿㊞ 　平成23年8月25日 　関東信越厚生局社会保険審査官　殿	

【別紙1】

審査請求の理由

1．障害給付裁定請求から原処分に至るまでの経緯
1）平成23年2月25日、高井戸年金事務所において、事後重症による障害厚生年金の裁定請求書（以下「本件請求書」という。）が受理された（資料1）。
2）前記受理された本件請求書は、高井戸年金事務所から東京事務センターにおける書類確認を終えて、同年3月11日、日本年金機構本部（以下「機構本部」という。）へ回送された（資料2－1）。
3）ところが、本件請求書の添付書類のうち「診断書」（資料1－2）の様式が「血液・造血器その他の障害用（様式第120号の7）」であったため、機構本部は、同年4月28日付の事務連絡（資料2－2）において「提出された診断書では症状が不明のため、肢体の診断書を提出願います。」等の事由により、東京事務センターへ本件請求書を返戻した。
4）東京事務センターは、同年5月10日、本件請求に係る代理人（社会保険労務士　法令一郎、以下「代理人」という。）に対し、肢体の診断書の追加提出を指示した（資料2－3）。
5）代理人は、前記指示に基づき、同年6月3日、東京事務センターへ「診断書」（肢体の障害用、資料3）を送付した。
6）その後、本件請求に対し、同年7月13日付で、提出された診断書では障害の状態を認定することができない旨の却下処分（資料4）が行われた。なお、当該処分がなされたことを、請求人が知ったのは、平成23年7月28日である。

2．原処分（却下処分）の正当性に疑問あり
前記「1．」にて経緯を確認したとおり、本件裁定請求に対して「肢体の診断書」を提出するように指示がなされ、指示通りに不備のない診断書を提出しているにもかかわらず、「障害状態が確認できない」旨の却下処分が行われた結果は、甚だ疑問である。当該処分に関しては、請求傷病であるジストニアへの理解が十分でないことも考えられるため、ジストニアの概要を下記「3．」で説明したうえで、請求人の障害状態（下記「4．」）について論じる。

3．ジストニアによる障害と治療法等について
1）ジストニアの一般的な症状
①ジストニアとは、「筋緊張亢進による異常姿勢・異常運動の総称」をいい（資料5－1）、「大脳基底核の原因により、筋肉の緊張の調節異常によって、様々な肢位・姿勢の異常や反復性の不随意運動を生じる症候群」であり、

神経系疾患分野に属する傷病である。
②ジストニアの一般的な症状は、「筋肉が持続的または反復的に緊張するために、顔面表情筋や、頚部筋、四肢・体幹筋の異常な収縮により、定型的な肢位姿勢の異常あるいは不随意運動を生じる」ものとされ（資料5-2、5-3）、合併症として「髄節性や全身性の重症例では、嚥下・発語障害、開眼障害、脊推の彎曲変形や筋緊張性疼痛を生じること」があり（同前）、主症状と合併症との線引きは困難であることが多い（資料5-1）。

2）脳深部刺激療法（deep brain stimulation：DBS）について
①ジストニアの治療法は、薬物療法は効かず、現状では「対症療法」に限られ（資料5-1）、「脳深部刺激療法」が著効することが多いとされる（資料5-2、5-3）。なお、請求人の場合も、投薬治療の効果が乏しく、平成20年4月に脳深部刺激療法が施行されている（資料1-2（⑨欄）および資料3（⑨欄））。
②「DBS」は、捻転ジストニアあるいは局所ジストニア（痙性斜頸、メイジュ症候群、書痙）の症状を治療するため、脳内の特定部位（淡蒼球または視床下核）に電極を留置し、前記部位において発生している異常な神経活動を、前記電極から微弱な電流を与えて制御する治療法である（資料6）。

3）ジストニアの障害認定に関する要望書について
平成22年7月23日に、民主党議員を通じて、厚生労働大臣へ「要望書」が提出されている（資料7）。このような要望書が提出される背景には、ジストニアに対する障害認定等が正当に行われていない事実があるといえる。本件裁定請求を含めて、障害年金制度の趣旨に沿った、正当な障害状態の認定が行われるべきである。

4．「診断書」（資料1-2および資料3）から確認できる障害状態等
主なポイントおよび主張は、次の1）～4）の通りである。
1）本件裁定請求にかかる診断書は2枚（資料1-2および資料3）であり、現症日はいずれも平成23年2月4日である。この現症日は、本件裁定請求日である平成23年2月25日以前3か月以内であり、障害認定が可能な診断書となっている。
2）資料1-2において、「一般状態区分が「ウ」（⑫欄）」、他覚所見（⑮欄1.(2)）は「主に不随意運動（ジストニア様症状）、右肩・上肢の震え・硬直による細かな作業困難、構音障害（日常会話が家族にも理解できないことあり、他人はさらに理解困難）、足元のふらつきが強く歩行障害（歩調コントロールの不良）」、さらに、日常生活活動能力や労働能力の制限について、⑯欄に記載されている。ジストニアによる症状で、日常生活および労働に著しく制限が課せられていることが確認できる。

3) 資料3では、前記2) の状態を「より具体的」に記載している。上肢に関する可動域制限や筋力低下は、既往障害である脳性麻痺によるものと重複しているため考慮しないとしても、下肢の筋力レベルに関しては「両側ともすべて半減」(⑰欄) であり、その歩行に制限を生じさせている一因であることが伺える。さらに、⑲欄においては、下肢の機能に著しい制限があること、かつ平衡機能に障害があることが確認できる。そして、構音障害については、㉑欄で「3　日常会話が家族は理解できるが、他人は理解できない」とされている。

4) 前記1) ～3) において述べた通り、請求傷病であるジストニアによってどのような障害が発生し、それによりどの程度日常生活活動能力や労働能力に制限があるかは、十分に確認できる診断・記載内容である。また、前記「3.」で述べたジストニアの症状から外れる内容でもないため、「障害状態が認定できない」とする原処分の理由は見当たらない。

5．障害認定基準における請求人の現症日の障害の程度について

1)「下肢機能の障害」としての観点

①障害認定基準（「国民年金・厚生年金保険障害認定基準」（平成22年11月1日改正）をいう。以下同じ。）によれば、「脳卒中等の脳の器質障害」や「多発性障害」の場合、「関節個々の機能による認定によらず、関節可動域、筋力、日常生活動作等の身体機能を総合的に認定」される。当該程度は、「運動可動域のみでなく、筋力、運動の巧緻性、速度、耐久性及び日常生活動作の状態から総合的に認定」される（肢体の機能の障害）。

②本件裁定請求では、「診断書」（資料3）において、両下肢の筋力レベルはすべて半減（⑰欄）、下肢に関して日常生活動作の障害の程度（⑲欄「m」～「t」）は、おおむね「○△」～「△×」相当である。また、資料1－2（⑮欄）によれば、歩調コントロール不良による「ふらつき」が指摘されている。

③以上により、身体機能を総合的に判断すれば、障害認定日時点における請求人の障害の程度は「両下肢の機能に相当程度の障害を残すもの」（2級）に該当すると考えられる。

2)「言語機能の障害」としての観点

①障害認定基準によれば、「言語の機能に相当程度の障害を残すもの」は3級であり、具体的には「4種の言語のうち、2種が発音不能又は極めて不明瞭なため『日常会話が家族は理解できるが、他人は理解できない程度のもの』をいう」とされている。

②請求人の会話レベル（構音障害の程度）は、診断書（資料1－2および資料3）を見れば、前記①相当であることは明白である。

3）「平衡機能の障害」としての観点
　①障害認定基準によれば、「平衡機能の障害」について、「閉眼で起立・立位保持が不安定で、開眼で直線を10メートル歩いたとき、多少転倒しそうになったりよろめいたりするがどうにか歩き通す程度のもの」は、中程度の平衡障害に該当し、当該障害のために労働能力が明らかに半減しているものは、3級認定されるべきものとなっている。
　②本件裁定請求では、「閉眼で起立・立位保持の状態」は「イ」（不安定）、かつ「開眼での直線の10メートル歩行の状態」も「イ」（多少転倒しそうになったりよろめいたりするがどうにか歩き通す）程度であるため、3級と考えられる（資料3、⑲欄）。

4）脳性麻痺とジストニアの因果関係および障害認定について
　①請求人は、脳性麻痺により2級の障害基礎年金（国民年金法30条の4）を受給している（資料8）が、これは資料1-2の⑯欄および資料3の㉒欄に記載されている通り、「両上肢の機能障害および体幹機能障害」によるものである。
　②本件裁定請求では、前述の通り、ジストニアにより「下肢の機能障害」「言語機能の障害」「平衡機能の障害」が発生したものであるから、基本的には既往障害である脳性麻痺による障害と重複するところはない。
　③資料1-2の⑱欄によれば、脳性麻痺とジストニアには因果関係が認められないということであるから、脳性麻痺による障害とは別に、ジストニアによる障害の程度が評価され、その結果として障害給付が支給されるべきものである。

5）病歴就労状況等申立書により確認できる生活状況等について
　ジストニアを発症してからも、しばらく厚生年金に加入していたが、症状が悪化し、業務に耐えられる状況でなくなり、平成21年12月に退職（労務不能）となった（資料8）。
　また、日常生活においては、DBSのメンテナンスが大変であること、足元ふらつきによる転倒、不随意運動・構音障害・精神不安定による制限が大きくなってきていることが記されており、障害認定において考慮されるべき部分である。

6．認定されるべき請求人の障害の状態等（求める処分決定）

前記「5．」において障害の程度について触れたが、その内容をまとめると、下肢機能の障害（2級相当、併合判定参考表4号の7）、言語機能の障害（3級相当、併合判定参考表6号の2）、平衡機能の障害（3級相当、併合判定参考表7号の8）であり、併合の結果、障害等級は1級となる。ただし、その認定の過程において、平衡機能の障害を、下肢機能の障害の一部として評価するので

あれば、下肢機能の障害（4号）と言語機能の障害（6号）となり、併合しても障害等級は2級である（下肢機能の障害が7号でも同じ結果となる）。

しかしながら、請求人は、先発の障害基礎年金2級の受給権を有しているため、後発である障害厚生年金（障害基礎年金含む）が2級以上であれば、併合認定（併合改定含む）の適用により、結果として1級の障害基礎年金・障害厚生年金の受給権が残ることとなるため、最終的に求める処分内容は以下の通りである。

「本件裁定請求にかかる障害等級が2級以上で認定され、それに付随して、1級の障害基礎年金および障害厚生年金への変更処理が行われること」

障害基礎年金2級	+	障害厚生年金2級または1級 障害基礎年金2級または1級	=	障害厚生年金1級 障害基礎年金1級
脳性麻痺によるもの		ジストニアによるもの		

以上

【本件審査請求書のポイント解説】

本件は、肢体障害が混在しており、それらを分けて認定できるかどうかが問題となったものです。保険者は、傷病が混在しているため、認定できないとしましたが、請求人は認定可能という主張です。

裁定請求から社労士の法令一郎が代理人として関与しました。

本件の争点は、①障害状態は認定可能か（＝混在による認定不能ではない）、②ジストニアの障害の状態は2級以上であるかの2つです。

難病系の場合、保険者側の傷病に対する理解が不十分であることもあるので、傷病の説明資料と患者会の要望書を添付しました。

請求人のジストニアは身体の広範囲に障害が及んでおり、かつ既存障害との重複があることから、障害のある部位をできるだけ分けてとらえるのが有効です。本件では、既存障害と重複している上肢・体幹は除外し、①下肢機能の障害、②平衡機能の障害、③言語機能の障害に分けて考えました。どれか一つでも認定が取れないだろうか、もしくは複数の認定が取れれば併合認定もあり得るという戦略を立てたわけです（結果的に、言語機能障害だけが再審査請求で認められました）。

主治医の意見については、裁定請求時に診断書備考欄にいただいているので、改めて意見書等の依頼はしていません。

審査官の決定書

　関東信越厚生局社会保険審査官は、診断書Aを引き合いに出し、傷病混在による認定不能との判断を示し、棄却決定としました。以下は、決定理由の抜粋です。

> ……（前略）……
>
> 　これらのことから、裁定請求日の診断書における障害の状態には、請求傷病（ジストニア）の当該傷病のほか、障害基礎年金の支給を受けている傷病である既決傷病（脳性麻痺）、さらには腰椎椎間板ヘルニアによる障害が混在しているものと考えられ、前記資料からは、当該傷病のみによる障害の状態を確認することは困難であると言わざるを得ない。
>
> 　よって、裁定請求日における請求人の当該傷病による障害の状態を前記認定基準に照らして検討することはできないものと判断する。
>
> ……（中略）……
>
> 　そうすると、厚生労働大臣が、平成23年7月13日付で、請求人に対して行った原処分は妥当であって、取り消すことはできない。

再審査請求

〈再審査請求書および委任状は掲載略〉

再審査請求の趣旨及び理由

第1　再審査請求の趣旨
　再審査請求人Z（以下「請求人」という。）は、①事後重症による障害厚生年金の請求（以下「本件裁定請求」という。）に対する却下処分（以下「本件却下処分」という。）を取り消し、②本件裁定請求に係る障害状態を認定し、それに不随して、③障害基礎年金及び障害厚生年金の障害等級を1級へ変更することを求める。

第2　再審査請求までの経過
　　本件裁定請求から本件却下処分に加え、審査請求（以下「本件審査請求」という。）及び本件審査請求に係る決定（以下「本件決定」という。）までの経過は、添付資料の「審査請求関連一式」（資料A）及び「決定書」（資料B、以下「本件決定書」という。）に記載の通りである。
　　請求人は、原処分及び本件決定を不服として、社会保険審査会に対し、再審査請求を行うこととした。

第3　争点及び問題点ならびに求める裁決
1．審査請求における争点（請求人の主張）
　　請求傷病であるジストニアに係る障害の状態は、障害等級に認定されるべきである（資料A）。

2．原処分及び本件決定書における問題点ならびに求める裁決
　1）問題点（先発障害の混在による後発障害の認定の困難性）
　　　平成19年診断書（診断書A）に基づいて障害基礎年金で障害等級が2級と認定された脳性麻痺（以下「先発傷病」という。）による障害の状態と、本件裁定請求に係るジストニア（以下「後発傷病」という。）による障害の状態とを区分することが困難なため、後発傷病のみによる障害の状態を確認することができない旨、社会保険審査官の指摘がある。

　2）求める裁決
　　　前述のように、「後発傷病による障害の状態を認定することが困難」だとしても、先発傷病に係る平成19年診断書及び後発傷病に係る診断書（資料A／資料1－2及び3）を総合考慮すれば、請求人の障害の程度は1級相当である。社会保障制度の意義や実情に沿った決定が行われるのであれば、本件裁定請求に係る障害等級を2級以上で認定し、それに不随して、障害基礎年金及び障害厚生年金の障害等級を1級とされるべきである。

第4　再審査資料
【資料A】　審査請求関連一式の写し
【資料B】　決定書謄本の写し

以上

【本件再審査請求書および公開審理のポイント解説】

　審査請求棄却決定を受けて、再審査請求へ移行することとなります。再審査請求の準備を進める段階では、当初の裁定請求書類一式と審査請求書および決定書が揃っています。これらの資料から再審査請求の方針や整備する書類を決めていく作業は、事例1と同じ要領です。

　社会保険審査官の決定書を読めば、平成19年の診断書Aが大きな障壁となっていることが明白であり、その障壁をクリアしなければならないことがわかります。そして、ジストニアによる障害の一部だけでの障害認定ができないとしている点は、反論の余地があります。

　本件では、請求人は、1級の障害厚生年金の受給権取得を希望しているわけですから、その希望を満たすべく、再審査請求を進める必要があります。後発傷病の認定にこだわることが請求人の希望に沿う結果につながるかどうか再考したところ、過去の裁決で、傷病混在による事案を「全体としては1級相当」であると認めたものがあったため、次の2本立てで再審査請求理由の組み立てをすることにしました。

---
　①　先発：上肢・体幹障害　後発：言語・下肢障害　併合して1級
　②　先発と後発が区分できないとしても、1級の状態であることは明白

　そして、公開審理（出席は代理人のみ）に臨み、以下の①〜④（70ページの再掲）を意見陳述としました。
　①　診断書Aは、平成19年4月のヘルニア術後間もない時点の診断書であり、その障害状態は過大評価されている。
　②　過大評価された診断書Aを引き合いに出して、診断書Bの障害状態が確認できないとする保険者の判断は、公平なものとはいえない。
　③　ヘルニアの術後約4年経過しており、ヘルニアによる下肢機能障害は改善していると考えるのが自然で、診断書Bはジストニアによる下肢機能障害のみが反映されていると考えるべきである。
　④　結論として、ジストニアによる障害としては「言語機能障害」と「下肢機能障害」が評価することができ、脳性麻痺による上肢・体幹機能障害を合わせれば1級に該当している。

審査会の裁決（一部容認の裁決）

……（前略）……

　請求人は、当該傷病（ジストニア）による障害の程度は障害等級2級以上に相当し、既決傷病（脳性麻痺）による障害と併せて障害等級1級とすべきである旨主張するのであるが、後掲の審査資料によれば、請求人の現在の障害は、既決傷病である脳性麻痺による障害に、当該傷病であるジストニアによる障害、あるいは腰部椎間板ヘルニアによる障害が加わったものと考えられる（この点に関しては、当事者間に意見の相違はないものと認められる。）ところ、これらはそれぞれ別傷病であると考えられることから、本件の問題点は、当該傷病であるジストニアによる障害だけを取り出して、障害の程度を判定することができるかどうかであり、できるとすれば、その障害の程度は、裁定請求日（平成23年2月25日）において、国年令別表に掲げる2級以上に該当すると認めることができるかどうかである。

……（中略）……

　そこで、これらの障害について考えるに、既決傷病が脳性麻痺による両上肢の機能障害及び体幹の機能障害であることを考えれば、すでに上肢及び体幹に相当程度の障害があったことが窺われるのであって、上肢及び体幹について、ジストニアによる障害を区別することは困難と言わざるを得ない。次に、下肢については、脳性麻痺による障害はなかったものと推察できるところ、腰部椎間板ヘルニアによる障害の存在が考えられ、これについては、その術前の診断書がないために、その障害の状態を判断することはできないが、資料4（診断書A）によれば、平成19年7月19日の状態は、椎間板ヘルニア術後の下肢痛やシビレがあり、椎間板ヘルニアの後遺症が認められるものとされていることからは、下肢の障害に関しても、椎間板ヘルニアによるものと区別して、ジストニアによる障害だけを抽出することはできないと言わざるを得ない。以上の点に関しては、原処分のとおりである。しかしながら、上記の障害のうち、残る構音障害については、脳性麻痺及び腰部椎間板ヘルニアによる障害とはいえず、ジストニアによる障害であるということができる。

　請求人の構音障害の状態については、資料1（診断書B・その他の障害用）によれば、「日常会話が家族にも理解できないことがあり、他人にはさらに理解困難」とされている。

……（中略）……

　以上の認定基準（言語機能障害の認定基準）に当てはめてみると、請求人の構音障害の状態は、「日常会話が家族にも理解できないときがある」とされているも

のの、常に、誰が聞いても理解不能の状態ではなかったのであるから、2級には該当せず、「言語の機能に相当程度の障害を残すもの」として、3級に相当する程度のものと認められる。

したがって、裁定請求時における当該傷病による障害の状態は、少なくとも障害等級3級に該当するものと認められるのであって、障害の状態を認定できないとして裁定請求を却下した原処分は相当ではなく、取消しを免れない。

しかし、既決傷病による障害と当該傷病について認められる上記障害とを併合しても、障害等級1級には至らないものと認められることから、本件再審査請求の中、障害等級1級の障害給付を求める部分は理由がないので、これを棄却することとする。

社会保険審査会の裁決を受けて

多発性障害の一部をもって障害年金の裁定を認めた裁決には一定の意義があるといえます。しかし、今回の裁決により支給が認められた3級の障害厚生年金が最低保障額（約60万円）であるため、脳性麻痺による障害基礎年金2級を下回ることになり、Zさんに経済的利益はもたらされませんでした。

なお、今後、Zさんの言語機能障害が2級になれば、併合認定によって1級の障害基礎年金および障害厚生年金の受給ができることになります。

第4章

多様な事例からみる審査請求・再審査請求の進め方、書類の書き方のポイント

本章では、3名の社労士が自身の経験をもとに審査請求・再審査請求の進め方、書類の書き方について解説します。
それぞれの特徴をとらえ、実務の参考にしてください。

事例1	障害等級が争点のがんの事例	84
事例2	初診日・相当因果関係が争点の事例	110
事例3	医師との連携で処分変更となった不整脈の事例	136

事例 1　障害等級が争点のがんの事例

事案の概要

　本件は、平成25年に「がんで障害年金を請求できるか」という照会から始まりました。大企業に管理職でフルタイムで勤めている女性でした。フルタイム勤務だったので、ちょっと厳しいかなと思ったのですが、3級なら狙えるかもしれないと思い、とりあえず診断書を取ってみようということになりました。

　すると、結構良い診断書ができてきた（87ページ参照）ので、これならいけるかもしれないということで請求しましたが、等級不該当で不支給決定が届きました。このままで終わらせるわけにはいきません。当然審査請求をしましたが棄却されたため、再審査請求をしたところ、社会保険審査会の裁決を待たず、保険者から原処分取消がなされたものです。

事案の経過

平成25年7月18日	年金請求書（国民年金・厚生年金保険障害給付）提出
平成25年9月17日付	国民年金・厚生年金保険障害給付の不支給決定について受領
平成25年10月29日	審査請求書提出
平成26年4月21日付	審査請求決定書受領－棄却
平成26年6月10日	再審査請求書提出
平成27年1月19日	原処分取消の連絡受領

事案の争点

本件は、請求人の障害の状態が3級に該当しているかどうかが争点となったものです。

障害等級該当の可否が争点になりますので、保険者側と請求者側のいずれの言い分が「障害認定基準」と合致しているかが争点となります。そこで、審査請求書に入る前に、まず「障害認定基準　第16節　悪性新生物による障害」の主要な部分を解説することにしましょう。

（1）　がんによる障害認定の対象

たとえば肢体の障害であれば、どの部位がどの程度不自由かということで障害の等級が認定されますが、がんの場合はどのような状態が障害認定の対象とされているのでしょうか。障害認定基準には、以下のように区分されています。

> ア　悪性新生物そのものによって生じる局所の障害
> イ　悪性新生物そのものによる全身の衰弱または機能の障害
> ウ　悪性新生物に対する治療の効果として起こる全身衰弱または機能の障害

特定の部位に障害が残った場合が上記アです。たとえば肺がんによる呼吸機能の障害の場合は、血液中の酸素濃度などを測定すれば検査数値で障害等級が決まるようになっています。ただし、障害認定基準に「がん（悪性新生物）は全身のほとんどの臓器に発生するため、現れる病状は様々であり、それによる障害も様々である」と書いてあるように、呼吸器や循環器等の認定基準だけをあてはめて判断することが難しいので、上記イとウが付け加えられています。イはがんが増殖して身体が弱った状態、ウは抗がん剤などの副作用により身体が弱っている状態で、これらも認定対象になるということです。

（2）　がんによる障害の程度

では、どのくらいの全身の衰弱で障害等級が認定されるのでしょうか。障害認定基準では、「障害の程度については、組織所見とその悪性度、諸検査成績、転移の有無、病状の経過と治療効果等を参考とし、日常生活状況を見て総合的に認定する」とされています。実際の判定には、以下の「一般状態区分表」が用いられています。

> ア　無症状で社会生活ができ、制限を受けることなく、発病前と同等にふるまえるもの
> イ　軽度の症状があり、肉体労働は制限を受けるが、歩行、軽労働や座業はできるもの
> 　　　例えば、軽い家事、事務など
> ウ　歩行や身のまわりのことはできるが、時に少し介助が必要なこともあり、軽労働はできないが、日中の50％以上は起居しているもの
> エ　身のまわりのある程度のことはできるが、しばしば介助が必要で、日中の50％以上は就床しており、自力では屋外への外出等がほぼ不可能となったもの
> オ　身のまわりのこともできず、常に介助を必要とし、終日就床を強いられ、活動の範囲がおおむねベッド周辺に限られるもの

　障害認定基準の等級例示は、以下のように書かれています。

障害の程度	障 害 の 状 態
1級	著しい衰弱または障害のため、一般状態区分表のオに該当するもの
2級	衰弱または障害のため、一般状態区分表のエまたはウに該当するもの
3級	著しい全身倦怠のため、一般状態区分表のウまたはイに該当するもの

　また、働いていると障害年金がもらえないと思っている人もいるようなので、ここで障害状態と就労の関係についてみておきましょう。

障害等級	障害の状態および労働能力
2級	活動が概ね自宅内に限られるもの。一人で外出することは困難。 この状態では就労不能ということになる。
3級	労働に制限を受ける状態。 労働能力はあるが、肉体労働等、健常者と同じように働くことはできない。

　つまり、2級はほぼ労務不能の状態ですが、3級は就労していても健常者と同じように働くことができない状態であれば、認められる可能性は十分あるということです。
　したがって、障害認定基準に照らして本件は障害等級に該当するという主張をもって、平成25年10月29日に、厚生局審査官宛に以下の趣旨および理由で審査請求書を提出しました。

審査請求

● 診断書　※現行の様式にて表示しています。

様式第120号の7

| （他） | 国民年金　厚生年金保険 | 診断書 | （血液・造血器・その他の障害用） |

| （フリガナ） 氏名 | 大坂なおこ | 生年月日 | 昭和 ㊴ 39年 2月 ○日生（49歳） | 性別 | 男・㊛ |

| 住所 | 住所地の郵便番号 ○○○-○○○○ | 東京 ㊨道府県 | 千代田 郡㊂区 | 丸の内〇-〇-〇 |

① 障害の原因となった傷病名：**卵巣がん**

② 傷病の発生年月日：昭和・㊽ 23年 頃月　日　本人の申立て

③ ①のため初めて医師の診療を受けた日：昭和・㊽ 23年 11月 9日　診療録で確認

④ 傷病の原因又は誘因：不詳　　初診年月日（昭和・㊽ 23年 11月 9日）

⑤ 既存障害：特記すべきことなし

⑥ 既往症：特記すべきことなし

⑦ 傷病が治った（症状が固定して治療の効果が期待できない状態を含む。）かどうか。
- 傷病が治っている場合………治った日　平成　年　月　日　確認・推定
- 傷病が治っていない場合………症状のよくなる見込　有・無・**不明**

⑧ 診断書作成医療機関における初診時所見
初診年月日（昭和・㊽ 23年 11月 11日）
左頚部リンパ節腫脹（多発性）

⑨ 現在までの治療の内容、反応、期間、経過、その他の参考となる事項
H23.11.12　左鎖骨上リンパ節生検施行　H23.12.1　子宮附属器悪性腫瘍手術施行　H23.12.14～H24.7.13　化学療法 8 コース施行
現在外来経過観察中である。

診療回数：年間 42回、月平均 3.5回

手術歴：手術名　子宮附属器悪性腫瘍手術　手術年月日　H23年 12月 1日

⑩ 現在の症状、その他参考となる事項
両手、両足のしびれ、全身倦怠感、動悸・息切れ
長時間の歩行困難

⑪ 計測（平成25年5月10日測定）

| 身長 | 154 cm | 体重 | 現在 55 kg / 健康時 kg | 握力 | 右 kg / 左 kg | 視力 | 右眼 裸眼 / 矯正 ／ 左眼 裸眼 / 矯正 |
| 視野 | | 調節機能 | | 聴力レベル 右耳 dB / 左耳 dB | 最良語音明瞭度 ％ / ％ | 血圧 | 最大 101 mmHg / 最小 58 mmHg |

⑫ 一般状態区分表（平成 25年 5月 10日）（該当するものを選んでどれか一つを○で囲んでください。）

- ア　無症状で社会活動ができ、制限を受けることなく、発病前と同等にふるまえるもの
- イ　軽度の症状があり、肉体労働は制限を受けるが歩行、軽労働や座業はできるもの　例えば、軽い家事、事務など
- ㊫　歩行や身のまわりのことはできるが、時に少し介助が必要なこともあり、軽労働はできないが、日中の50％以上は起居しているもの
- エ　身のまわりのある程度のことはできるが、しばしば介助が必要で、日中の50％以上は就床しており、自力では屋外への外出等がほぼ不可能となったもの
- オ　身のまわりのこともできず、常に介助を必要とし、終日就床を強いられ、活動の範囲がおおむねベッド周辺に限られるもの

障害の状態

⑬ 血液・造血器　（平成　年　月　日現症）

1 臨床所見

(1) 自覚症状
- 易疲労感　（無・有・著）
- 動悸　　　（無・有・著）
- 息切れ　　（無・有・著）
- 発熱　　　（無・有・著）
- 紫斑　　　（無・有・著）
- 月経過多　（無・有・著）
- 関節症状　（無・有・著）

(2) 他覚所見
- 易感染性　（無・有・著）
- リンパ節腫脹（無・有・著）
- 出血傾向　（無・有・著）
- 血栓傾向　（無・有・著）
- 肝腫　　　（無・有・著）
- 脾腫　　　（無・有・著）

(3) 検査成績
ア　末梢血液検査（平成　年　月　日）
※アの欄は、治療を行う前の日付、検査数値を記入してください。
- ヘモグロビン濃度（　）g/dL
- 血小板（　）万/μL
- 網赤血球（　）万/μL
- 白血球（　）/μL
- 好中球（　）/μL
- リンパ球（　）/μL
- 病的細胞（　）％

イ　凝固系検査（平成　年　月　日）
※イの欄は、最も適切に病状が把握できる検査数値及びその日付を記入してください。
- 凝固因子活性（第　因子）（　）％
- vWF活性（　）％
- インヒビター（無・有）
- APTT（　）秒（基準値　　秒）
- PT（　）秒（基準値　　秒）

ウ　その他の検査
- 画像検査（検査名　　　）（平成　年　月　日）
  所見（　）
- 他の検査（検査名　　　）（平成　年　月　日）
  所見（　）

2 治療状況
- 赤血球輸血（月　回）　血小板輸血（月　回）
- 補充療法（月　回）　新鮮凍結血漿（月　回）
- 造血幹細胞移植　（無・有）　有の場合（平成　年　月　日）
- 慢性GVHD　（無・有）　有の場合（軽症・中等症・重症）
- 所見

3 その他の所見

本人の障害の程度及び状態に無関係な欄には記入する必要はありません。（無関係な欄は、斜線により抹消してください。）

（お願い）臨床所見等は、診療録に基づいてわかる範囲で記入してください。

（お願い）太文字の欄は、記入漏れがないように記入してください。

「診療録で確認」または「本人の申立て」のどちらかを○で囲み、本人の申立ての場合は、それを聴取した年月日を記入してください。

⑭ 免疫機能障害　（平成　年　月　日現症）

1 検査成績

検査項目	検査日 単位	・・	・・	平均値
CD4陽性Tリンパ球数	/μL			

（現症日以前の4週間以上の間隔をおいて実施した連続する直近2回の検査結果を記入し、一番右の欄にはその平均値を記入してください。）

検査項目	検査日 単位	・・	・・
白血球数	/μL		
ヘモグロビン量	g/dL		
血小板数	万/μL		
HIV-RNA量	コピー/mL		

（現症日以前の4週間以上の間隔をおいて実施した連続する直近2回の検査結果を記入してください。）

2 身体症状等

① 1日1時間以上の安静臥床を必要とするほどの強い倦怠感及び易疲労感が月に7日以上ある　　　　　　　　　　　　　　（有・無）
② 病態の進行のため、健常時に比し10%以上の体重減少がある　　（有・無）
③ 月に7日以上の不定の発熱（38℃以上）が2ヶ月以上続く　　　（有・無）
④ 1日に3回以上の泥状ないし水様下痢が月に7日以上ある　　　　（有・無）
⑤ 1日に2回以上の嘔吐あるいは30分以上の嘔気が月に7日以上ある　　　　　　　　　　　　　　　　　　　　　　　　（有・無）
⑥ 動悸や息苦しくなる症状が毎日のように出現する　　　　　　（有・無）
⑦ 抗HIV療法による日常生活に支障が生じる副作用がある
　　（①～⑥の症状を除く）（抗HIV療法を実施している場合）　　（有・無）
⑧ 生鮮食料品の摂取禁止等の日常生活活動上の制限が必要である　（有・無）
⑨ 1年以内に口腔内カンジダ症、帯状疱疹、単純ヘルペスウイルス感染症、伝染性軟属腫、尖圭コンジローマ等の日和見感染症の既往がある　（有・無）
⑩ 医学的な理由により抗HIV療法ができない状態である　　（はい・いいえ）

3 現在持続している副作用の状況
□代謝異常　□リポアトロフィー　□肝障害　□腎障害　□精神障害　□神経障害
□その他（薬剤名、服薬状況及び副作用の状況）

4 エイズ発症の既往の有無　　有・無

5 回復不能なエイズ合併症のため介助なくしては日常生活がほとんど不可能な状態である　　はい・いいえ

6 肝炎の状況　（□薬剤性　・□B型　・□C型　・□その他（　　　　））（肝炎を発症している場合は必ず記載してください。）

（1）検査所見

検査項目	検査日 単位	・・	・・	・・
血清アルブミン	g/dL			
AST（GOT）				
ALT（GPT）				
プロトロンビン	%			
時間	延長秒			
総ビリルビン（※）	mg/dL			

（2）臨床所見
食道静脈瘤　無・有　（内視鏡による、X線造影による、その他（　　））
肝硬変　　　無・有　（代償性、非代償性）
肝細胞癌　　無・有
肝性脳症　　無・有　（1年以内に発症したことがある）
腹水　　　　無・有　・著
消化管出血　無・有　（1年以内に発症したことがある）
（※ ビリルビン値の上昇をきたす薬剤の使用　無・有　）

⑮ その他の障害　（平成 25 年 5 月 10 日現症）

1 症状
（1）自覚症状

抗がん剤の副作用による全身の倦怠感が著しい。
関節痛、しびれのため足に感覚がない。
動悸・息切れがして長時間の歩行に難を伴う。
手のしびれ・痛みで巧緻性を要する作業が困難。

（2）他覚所見

手のしびれ・痛みのため、触覚確認にても非常に鈍い状態であり、足のしびれ・痛みのため、触覚確認にても非常に鈍く、感覚が非常に鈍化している。
また、しびれ感が強いため、ちょっと接触しただけで、ビリビリ感が非常に強い。

2 検査成績
（1）血液・生化学検査

検査項目	検査日 単位	施設基準値	H25・5・10	・・	・・
赤血球数	万/μL		446		
ヘモグロビン濃度	g/dL		13.2		
ヘマトクリット	%	33.0～46.0	46.2		
血清総蛋白	g/dL		6.9		
血清アルブミン	g/dL		4.6		

（2）その他の検査成績

3 人工臓器等
（1）人工肛門造設　無・有　造設年月日：平成　年　月　日　　　閉鎖年月日：平成　年　月　日
（2）尿路変更術　　無・有　造設年月日：平成　年　月　日　　　閉鎖年月日：平成　年　月　日
（3）新膀胱造設　　無・有　手術年月日：平成　年　月　日
（4）自己導尿の常時施行　無・有　開始年月日：平成　年　月　日　　　終了年月日：平成　年　月　日
（5）完全尿失禁状態　　無・有　（カテーテル留置：平成　年　月　日）
（6）その他の手術　　　無・有　　　　　　　　　　　　　　　　　　　平成　年　月　日

⑯ 現症時の日常生活動作能力及び労働能力
（必ず記入して下さい）

痛みのため、体を思うように動かせない。わずかな歩行でも息苦しくなる。足のしびれのため長時間の歩行ができない。倦怠感で、自宅でも少し動くとソファーに横になる。気力・集中力が低下。重い物が持てない。炊事、掃除、洗濯等、家事は家族の支援を受けなければ一人ではできない。足のしびれのため慣れた場所以外への外出は控えている。会社からも控えるよう言われている。業務が制限された。現在の状態からみて、就労はかなり厳しい状態と考える。

⑰ 予後
（必ず記入して下さい）

不詳

⑱ 備考

上記のとおり、診断します。　　平成 25 年 5 月 10 日

病院又は診療所の名称　A病院　　　　　　診療担当科名　産婦人科
所　在　地　東京都〇〇区〇〇町〇-〇-〇　医師氏名　B　　　　　　㊞

審査請求書

平成25年10月29日

関東信越厚生局 社会保険審査官 殿

請求人 住所又は居所 〒〇〇〇-〇〇〇〇
　　　　　　　　　　　東京都千代田区丸の内〇-〇-〇
　　　　所　在　地
　　　　氏名又は名称　　　　　大坂　なおこ　㊞
　　　　電　　話　　03（〇〇〇〇）〇〇〇〇

代理人 住所又は居所 〒333-0849
　　　　　　　　　　　埼玉県川口市本前川3-13-17
　　　　氏　　名　　　　　　　宇代　謙治　㊞
　　　　電　　話　　〇〇〇（〇〇〇）〇〇〇〇
　　　　（請求人との関係　社会保険労務士）

つぎのとおり、審査請求します。

被保険者もしくは被保険者であった者	住所又は居所	東京都千代田区丸の内〇-〇-〇	「記号及び番号」欄には、被保険者証・年金手帳・年金証書の記号番号を記入してください。
	氏　名（ふりがな）	おおさか　なおこ 大坂　なおこ	
	生年月日	昭和39年2月〇日	
	記号及び番号	1111－111111	
	事業所名及び所在地		電話
給付を受けるべき者	住所又は居所		被保険者もしくは被保険者であった者の死亡にかかる給付について、審査請求をする場合にだけ記入してください。
	氏　名（ふりがな）		
	生年月日	大正・昭和・平成　年　月　日	
	死亡者との続柄		
原処分者	所在地	東京都千代田区霞ヶ関1-2-2	あなたが不服とする処分をした保険者等の代表者名を記入してください。
	名称	厚生労働大臣	

事例1　障害等級が争点のがんの事例

原処分があったことを知った日	平成25年9月24日		あなたが不服とする処分をあなたが知った日（その通知書をあなたが受け取った日）を記入してください。
審査請求の趣旨及び理由	「別紙のとおり」		あなたが、どんな処分を受けたので不服申立をするのか、その理由及び社会保険審査官にどういう決定をしてもらいたいかを、なるべくくわしく記入してください。（別紙に書いても結構です。）
添付書類	原処分の決定通知書（審査請求ができる旨が記載されているもの）の写し（※必ず添付してください） 例　「国民年金・厚生年金保険支給額変更通知書」「国民年金・障害基礎年金不支給決定通知書」 　　「健康保険・傷病手当金不支給通知書」等		
添付書類（その他）	1　診断書（A病院／平成23年初診） 2		ここには診断書等を証拠として提出するときに、それ等の文書や物件の名前を列記してください。
委任状	この審査請求については（代理人）　宇　代　謙　治　㊞　を 　　　　私の代理人にいたします。 　　　　　　　　　　　審査請求人氏名　　大　坂　なおこ　㊞ 　　　　平成25年10月29日 　　　関東信越厚生局社会保険審査官　殿		

審査請求の趣旨および理由

1．<u>⓪審査請求の趣旨</u>
 (1) 平成25年9月17日付貴文書「国民年金・厚生年金保険障害給付の不支給決定について」を受領しましたが、決定に不服があり、審査請求をいたします。

 (2) 支給しない理由

 > （理由）
 > 請求のあった傷病（卵巣疾患）について、障害認定日である平成25年5月9日現在の<u>⓪障害の状態は、国民年金法施行令別表（障害年金1級、2級の障害の程度を定めた表）・厚生年金保険法施行令別表第1（障害年金3級の障害の程度を定めた表）に定める程度に該当していません。</u>

 (3) <u>⓪審査請求の趣旨</u>

 > 平成25年5月9日現在の障害の状態は、国民年金法施行令別表に定める障害年金2級もしくは厚生年金保険法施行令別表第1に定める障害年金3級の程度に該当していると主張する。

2．<u>⓪審査請求の理由</u>
 (1) 障害の等級に該当するか否かは障害認定基準に則って判断されるべきである。当方は、病期、手術歴、化学療法が明確に記載された診断書を添付しており、また、診断書にはそれらの施行にともなう障害の状態、日常生活の制限、一般状態区分も明確に記載されている。当方は、これらを障害認定基準と照らし合わせて、障害の状態に該当すると判断して、請求をしたものである。
 (2) 他の事案と比較しても、本件が不支給となる理由が見当たらない。

以下、詳述いたします。

（1） 審査請求の趣旨の書き方のポイント

「1.審査請求の趣旨」とは、この不服申立は何のためにしているのかを明らかにすることです。冒頭(1)で、<u>あ不支給決定通知書を受け取ったが、不服があるのでこの審査請求を行う</u>ということを宣言しています。

次に(2)で、不支給決定書の中の「支給しない理由」を引用しています。つまり、<u>い障害等級不該当が不支給決定の理由</u>であることがわかります。

そして(3)の「審査請求の趣旨」で、いよいよ争点を明らかにします。つまり、<u>あ障害の状態は、国民年金法施行令別表に定める障害年金2級もしくは厚生年金保険法施行令別表第1に定める障害年金3級の程度に該当しているので、不支給決定は妥当ではない</u>というのが「審査請求の趣旨」となっています。

（2） 審査請求の理由の書き方のポイント

「2.審査請求の理由」とは、なぜ上記の趣旨を主張するのかということであり、いってみれば、この審査請求のメインになるところです。いきなりダラダラと書き始めると読みにくくなるので、まず主張を箇条書きにして要約を示しています。この事例でいうと、(1)で<u>う障害の状態を障害認定基準に照らしてみると、等級不該当はおかしい</u>と言っています。(2)では、他の認定されている<u>え類似事案と比較して、本決定は整合性がとれていない</u>と主張しています。そして、以下で理由を一つずつ詳述するという体裁をとっています。

【理由(1)の根拠】
a．障害認定基準によると、悪性新生物による障害の「認定に当たっては、組織所見とその悪性度、一般検査及び特殊検査、画像診断等の検査成績、病状の経過と治療効果等を参考とし、認定時の具体的な日常生活状況等を把握して、総合的に認定する」と記載されている。

＜ご参考＞悪性新生物による障害

| ア　悪性新生物そのものによって生じる局所の障害 |
| イ　悪性新生物そのものによる<u>お全身の衰弱または機能の障害</u> |
| ウ　悪性新生物に対する治療の効果として起こる<u>お全身衰弱または機能の障害</u> |

つまり、悪性新生物による障害とは、全身の衰弱をみるのであり、この「衰弱又は機能障害のため、一般状態区分表のエ又はウに該当するもの」が2級の障害

の程度に相当し、🅞「著しい全身倦怠のため、一般状態区分表のウ又はイに該当するもの」が3級の障害に相当するとされている。

＜ご参考＞一般状態区分表

> ウ　歩行や身のまわりのことはできるが、時に少し介助が必要なこともあり、軽労働はできないが、日中の50％以上は起居しているもの

b．平成25年5月10日現症の障害の状態
🅚A病院のB医師の平成25年5月10日作成の診断書（資料Ⅰ）には、平成25年5月10日現症として、以下が明記されている。

項番⑨　　平成23年11月　　　　　　　リンパ節生検施行
　　　　　平成23年12月　　　　　　　子宮附属器悪性腫瘍手術施行
　　　　　平成23年12月〜平成24年7月　化学療法8コース施行
項番⑩　　両手両足のしびれ、全身の倦怠感、動悸、息切れ、長時間の歩行困難
項番⑫　　一般状態区分　ウ
項番⑮　　（自覚症状）
　　　　　抗がん剤の副作用による全身の倦怠感が著しい。
　　　　　関節痛、しびれのため足に感覚がない。
　　　　　動悸、息切れがして、長時間の歩行に難を伴う。
　　　　　手のしびれ・痛みで巧緻性を要する作業が困難。
　　　　　（他覚所見）
　　　　　手のしびれ・痛みのため、触覚確認にても非常に鈍い状態であり、足のしびれ・痛みのため、触覚確認にても非常に鈍く、感覚が非常に鈍化している。
　　　　　また、しびれ感が強いため、ちょっと接触しただけで、ビリビリ感が非常に強い。
項番⑯　　痛みのため、体を思うように動かせない。
　　　　　わずかな歩行でも息苦しくなる。足のしびれのため長時間の歩行ができない。
　　　　　倦怠感で、自宅でも少し動くとソファーに横になる。気力・集中力が低下。
　　　　　重い物が持てない。
　　　　　炊事、掃除、洗濯等、家事は家族の支援を受けなければ一人ではできない。
　　　　　足のしびれのため慣れた場所以外への外出は控えている。会社からも控えるよう言われている。業務が制限された。

>   現在の状態からみて、就労はかなり厳しい状態と考える。
> 項番⑰　不詳

　では、【理由(1)の根拠】からみていきましょう。不支給決定は国民年金法施行令別表もしくは厚生年金保険法施行令別表第1によりなされていますが、これらの施行令では障害の状態に関する具体的な記載がないので、障害の程度の該当・不該当は「障害認定基準」に照らしてみることになります。

　理由(1)は、当たり前のことですが、障害の程度の認定は障害認定基準がベースになっていることを確認したものです。これは保険者も異論のないところでしょう。また、障害認定基準は請求者の側からみれば、「強い味方になる良い表現」が結構あります。理由(1)の障害認定基準をベースにするということは、「これらの文章も使わせてもらいますが、保険者は反論できますか」と暗に示唆していることになります。

　a．は、障害認定基準の認定要領の主な箇所を摘記したものです。重要なポイントは、㋐悪性新生物による障害とは局所の障害のみでなく、全身の衰弱・機能の障害が含まれていること（抗がん剤による副作用も）、㋑一般状態区分表のウまたはイに該当しているものを3級と例示していることです。

　b．は、㋕診断書の記載内容のうち、ここまでの治療内容、病状、日常生活状況に関する部分を書き出したものです。項番⑮が臨床所見（自覚症状、他覚所見）、項番⑯が日常生活能力・労働能力の記載です。これらをみると、全身の倦怠感、動悸、息切れ、手足のしびれが著しく、日常生活がかなり制限されている様子がわかります。

> 　c．㋖よって医師も診断書項番⑫において一般状態区分をウと判定している。これだけの記載があるにもかかわらず、障害等級に該当しないとして不支給の決定がなされたことは妥当性がないとしか言いようがない。
> 　d．さらに、㋗診断書項番⑯を再度注視していただきたい。
> 　　・痛みのため、体を思うように動かせず、足のしびれのため長時間の歩行ができない。
> 　　・動悸・息切れのため、わずかな歩行でも息苦しくなる。
> 　　・倦怠感で自宅でも少し動くとソファーに横になる。気力・集中力が低下している状態。
> 　であり、したがってADLは、
> 　　・重い物が持てず、炊事、掃除、洗濯等、家事は家族の支援を受けなければ一人ではできない。外出は控えている。㋘会社では業務が制限されている状態。

かつ、主治医のＢ医師としては、❼就労はかなり厳しい状態と記載している。
　ｅ．以上から、請求人の障害認定日の状態は日常生活およびに労働に相当の制限
　　があり、２級あるいは少なくとも３級に該当していると言わざるを得ない。

　ｃ．で医師が一般状態区分をどう判断したかをみていますが、「❽一般状態区分はウと評価されている。障害認定基準では一般状態区分がウまたはイが３級と明記されており、診断書にこれだけの記載があるにもかかわらず、等級不該当のため不支給決定がなされたことは妥当性がない」とし、さらに、ｄ．で繰り返し❾項番⑯を取り上げ、ADL（日常生活動作）の低下を強調しています。つまり、診断書の記載を障害認定基準に照らしてみれば、少なくとも３級該当であるとの主張です。

　請求人がフルタイムの就労なので、こちらの弱点である労働能力に関しては、❿会社で業務が制限されている事実および医師の「就労はかなり厳しい状態」との診断書記載を拠り所に労働能力低下をアピールしました。

【理由⑵の根拠】
　⓫他の事案と比較しても、本件が不支給になる理由が見当たらない。むしろ、
　病期・ADLを考慮すると病状は悪いともいえる。

＜診断書記載内容の比較＞

	本件	1111-111111	2222-222222	3333-333333
現症日	H25.5.10	H24.9.24	H24.7.11	H23.3.9
部位	卵巣	子宮	肺	両側乳房
再発				再発
転移	転移	転移		
一般状態区分	ウ	ウ	ウ	ウ
臨床所見（自覚症状）				
疲労感	有	有	有	著
動悸	有	有	有	有
息切れ	有	有	有	著
発熱	有	有	有	有
関節症状	有	有	著	無
易感染性	無	有		有
臨床所見（他覚所見）				
リンパ節膨張	有	記載なし	無	無
出血傾向			無	無
紫斑			無	無
肝腫			無	無

脾腫			無	無
血液検査成績				
赤血球	446	234	320	369
ヘモグロビン濃度	13.2	7.4	10.7	10
ヘマトクリット	46.2	22.5	31.9	32.6
白血球			3,270	3,700
血小板				25.8
血清総蛋白	6.9	6.8	6.7	
血清アルブミン	4.6	4.6	3.4	
予後	不詳	不詳	不良	不詳
障害等級	不支給	3級	2級	2級

　理由(2)は、ある程度事例の蓄積がないと難しいですが、自分の取り扱った案件で、診断書の臨床所見や検査成績が同じようなものが複数あれば比較ができ、本件のみ不支給であれば決定の整合性に対して疑義を挟めるのではないかと考えたものです。実際これらを並べてみても、本件がなぜ不支給になったのかが浮かび上がってきませんでした。

> 　審査官におかれては、保険者の誤った決定をただし、大義ある決定を下されんことを切に望むものであります。

　このように、審査請求書の最後の締め文句は、それぞれ何か気に入った文章を考えておいたほうがよいでしょう。

審査請求決定書の読み方

　審査請求書を提出してから結構時間がかかりましたが、決定書が届いたのは平成26年4月22日でした（決定書の日付は4月21日）。
　決定書の主文は「この審査請求を棄却する」というものでした。つまり全面敗訴です。ここで終わりにするわけにはいきません。当然、請求人と相談のうえ、再審査請求をすることになりました。
　再審査請求をする場合、特に私が重要と考えている点は、決定書を読み込み、決定書の棄却理由に反駁することです。よく再審査請求書も審査請求書と同じことを書いている人がいますが、効果としてはどうかと思います。審査官が請求者側、保険者側の主張を検討して下した決定であり、その棄却理由にはすべての要素が入っているは

ずです。また、棄却理由を潰すことができれば、棄却そのものが成り立たなくなるはずです。

　まず決定書をよく読んでみましょう。決定書のはじめのほうは法的根拠、障害認定基準の該当箇所、診断書の記載内容の摘記等がクドクドと書いてあり、棄却理由は「以上みたところ」からになります。以下に掲載します。

……（中　略）……

(4)　以上みたところ、請求人は、平成23年12月1日に子宮附属器悪性腫瘍手術を受け、その後、同月14日から平成24年7月13日までの間においては、当該傷病に対する化学療法を施行していたことが認められ、現在は外来経過観察中とされており、腫瘍マーカー検査等により、当該傷病の経過を観察していることが認められる。また、⑤血液・生化学検査におけるすべての検査項目が基準値内に収まっていることが認められ、当該傷病が転移しているとの事実は見当たらないことから、子宮附属器悪性腫瘍手術後の症状は安定しているとするのが相当である。

　そうすると、当該傷病の障害の状態については、「ア　悪性新生物そのもの（原発巣、転移巣を含む。）によって生じる局所の障害」、「イ　悪性新生物そのもの（原発巣、転移巣を含む。）による全身の衰弱又は機能の障害」、「ウ　悪性新生物に対する治療の結果として起こる全身衰弱又は機能の障害」の区分に相当するものと、認めることは困難である。

　そして、その他障害の他覚所見には、「手のしびれ、痛みのため、触覚確認にても非常に鈍い状態であり、足のしびれ痛みのため触覚確認にても非常に鈍く、感覚が非常に鈍化している。また、しびれ感が強いため、ちょっと接触しただけで、ビリビリ感が非常に強い。」とされ、請求人は末梢神経障害性疼痛、しびれ感の傷病により診療を受けていることから、⑥請求人の主たる症状は末梢神経障害性疼痛、しびれ感の傷病によるものと言わざるを得ないものである。

　また、末梢神経障害性疼痛、しびれ感が当該傷病に随伴する疼痛等によるものとみたとしても、請求人は40分の通勤時間を電車、バス、徒歩により認定日の前月には18日、前々月には19日出勤し、マネジメントの仕事をしている状況から、一般的な労働能力は残存しているが、疼痛により時には労働に従事することができなくなり、⑦就労可能な職種の範囲が相当な程度に制限されるものに相当すると認めることは困難である。

　前記のとおり、認定基準によれば、悪性新生物による障害の認定に当たっては、組織所見とその悪性度、一般検査及び特殊検査、画像診断等の検査成績、転移の有無、病状の経過と治療効果等を参考とし、認定時の具体的な日常生活

状況等を把握して、総合的に認定するとされているところ、請求人は、一般状態が同区分表の「ウ」に該当するとされているものの、当該傷病に対する診療は月1回要する程度であること、当該傷病の症状は安定しているとするのが相当であること及び請求人の主たる症状のみによって、疼痛により時には労働に従事することができなくなり、就労可能な職種の範囲が相当な程度に制限されるとは認め難いこと等を総合的に鑑みれば、前記❶認定基準の障害等級2級の例示「衰弱又は障害のため、一般状態区分表のエ又はウに該当するもの」はもとより障害等級3級の例示「著しい全身倦怠のため、一般状態区分表のウ又はイに該当するもの」に相当しているとは認め難く、障害等級2級に該当するものとされる「日常生活が著しい制限を受けるか又は日常生活に著しい制限を加えることを必要とする程度のもの」及び障害等級3級に該当するものとされる「労働が制限を受けるか又は労働に制限を加えることを必要とする程度の障害を有するもの」のいずれにも該当していると認めることは困難であると言わざるを得ない。

　　よって、障害認定日における当該傷病による障害の状態は、国年令別表の2級15号「…身体の機能の障害又は長期にわたる安静を必要とする病状が前各号と同程度以上と認められる状態であって、日常生活が著しい制限を受けるか、又は日常生活に著しい制限を加えることを必要とする程度のもの」及び厚年令別表第1の14号「傷病が治らないで、身体の機能又は精神若しくは神経系統に、労働が制限を受けるか、又は労働に制限を加えることを必要とする程度の障害を有するものであって、厚生労働大臣が定めるもの」のいずれにも該当すると認めることはできないと判断する。

　　なお、請求人は、審査請求において、検査報告書（診療情報提供書）等を資料として提出しているが、これにより前記の判断が覆ることはない旨申し添える。

(5)　そうすると、厚生労働大臣が行った原処分は妥当であって、取り消すことはできない。

以上の理由によって、主文のとおり決定する。

　　平成26年4月21日

次に、❷決定書の中で審査官が棄却の判断の根拠とした部分を抜き出してみましょう。

- 血液・生化学検査が基準値内に収まっており、転移している事実が認められないことから、症状は安定している。

- 主たる症状は末梢神経障害性疼痛、しびれ感の傷病によるもの（がんの認定対象は全身の衰弱なのでしびれは対象外）。
- 就労可能な職種の範囲が相当な程度に制限されるものに相当しない。

　これらを理由として、❶審査官は請求人の障害の状態を、障害認定基準の障害等級2級の例示「衰弱又は障害のため、一般状態区分表のエ又はウ」に該当しないし、障害等級3級「著しい全身倦怠のため、一般状態区分表のウ又はイ」にも該当しないと結論付けています。
　さて、これにどう反論していきましょうか。城攻めは守りの弱いところから攻めるのが常道です。守りの固いところにまともに突っ込んでいっても逆転勝利はありません。攻めどころは、次のとおりです。

- 理論構成の弱いところ、資料の裏付けの弱いところを突く。
- 敵失は的確にとらえる。
- 審査官が慣用句で深く考えないで書いたようなところや、いつものように切り貼りしているような箇所に案外突っ込みどころがある。

　では、これらをふまえて、以下に再審査請求書をどのようにして作っていくかを考えてみましょう。

再審査請求書の作り方

　再審査請求書は、上記の棄却理由に反論する形で作成していくのですが、その際の心づもりは、以下のように考えるとよいでしょう。

- すべての争点で勝とうと思わない。
  不支給決定されたということは、こちらにも弱点があるはず。そこで、「勝てるところで最大限に勝って、負けるところで最小限に負ければよい」と考える。無理を重ねて綻びを作ってしまうのは危険。
- 先に挙げた棄却理由のうち、攻めどころは徹底的に攻めて決定書に反論する。こちらの不利なところはまともに戦わない。

再審査請求書

平成26年6月10日

社会保険審査会　御中

　私は下記のように社会保険審査官の決定を受けましたが、なお不服があるため再審査請求をします。

審査の決定をした社会保険審査官	関東信越 厚生（支）局　　○○○○ 社会保険審査官
社会保険審査官の決定年月日	平成 26 年 4 月 21 日
決定書の謄本が送付された年月日	平成 26 年 4 月 22 日
再審査請求をすることができる旨の教示の有無	⦅あった⦆　　　　　なかった
再審査請求の趣旨及び理由 (右のいずれかに○を付けてください。)	1．審査官に対して行った審査請求の趣旨及び理由と同じ。 ⦅2．別紙（2枚目）［再審査請求の趣旨及び理由］に記載のとおり。⦆

再審査請求人	氏　名 （フリガナ）	オオサカ　ナオコ 大坂　なおこ　　　　　　　　　㊞
	住　所	〒○○○－○○○○ 東京都千代田区丸の内○－○－○
	連絡先電話番号	03（○○○○）○○○○

※　代理人が請求される場合、以下に記入の上、委任状を併せて提出してください。

代理人 (代理人が複数いる場合は、代表者を記入してください。)	氏　名 （フリガナ）	ウシロ　ケンジ 宇代　謙治　　　　　　　　　　㊞
	住　所	〒333－0849 埼玉県川口市本前川3-13-17
	連絡先電話番号	○○○（○○○）○○○○

以下の欄は、審査官からの決定書に記載されている内容と**異なる場合**のみ記入してください。

被保険者、被保険者であった者 又は 受給権者、受給権者であった者 (遺族年金、未支給給付、埋葬料等を請求した場合に、死亡された方のことを記入すること。)	氏　名		
	生年月日	明・大 昭・平　　年　　月　　日	記号及び番号又は基礎年金番号
	住　所	〒　　－	
	事業所名 所 在 地		
給付を受けるべき者 (遺族年金、未支給給付、埋葬料等を請求した場合に、請求された方のことを記入すること。)	氏　名		
	生年月日	明・大 昭・平　　年　　月　　日	死亡者との続柄
	住　所	〒　　－	
原 処 分 者	名　称 所 在 地		
原処分があったことを知った年月日	平成　　　年　　　月　　　日		

委　任　状

平成 26 年 6 月 10 日

社会保険審査会　御中

再審査請求人	フリガナ	オオサカ　ナオコ
	氏　名	大坂　なおこ　　　　　　㊞
	郵便番号	〒〇〇〇－〇〇〇〇
	住　所	東京都千代田区丸の内〇－〇－〇
	連絡先電話番号	03（〇〇〇〇）〇〇〇〇

　この再審査請求に関する一切の行為（取下げを含む。）をすることについて、下記の者に委任します。

＊　再審査請求に関する行為の**一部のみを委任することも可能**です。その場合は、上記の文中「一切の行為（取下げを含む。）」に線を引いて抹消して訂正印を押し、そのすぐ下に委任する行為を明記してください。

記

代　理　人	フリガナ	ウシロ　ケンジ
	氏　名	宇代　謙治
	請求人との関係	社会保険労務士
	郵便番号	〒333－0849
	住　所	埼玉県川口市本前川3－13－17
	連絡先電話番号	〇〇〇（〇〇〇）〇〇〇〇

※　再審査請求に関する行為を代理人に委任する場合には、上記委任状に必要事項を記入し、再審査請求人が押印の上、再審査請求書と一緒に提出してください。
　また、代理人が複数いる場合には、**すべての代理人について、代理人ごとに同様の委任状を提出**してください。
　なお、法律により、弁護士又は社会保険労務士以外の方が、報酬を得る目的で再審査請求の事務を業として行うことはできないこととなっています。

再審査請求の趣旨および理由

1. 再審査請求の趣旨

　厚生労働大臣が平成25年9月17日付で再審査請求人（以下、請求人という）に対して下した「国民年金・厚生年金保険障害給付の不支給決定について」に対し、平成25年10月29日付で、当該決定に対する審査請求をいたしました。今般、審査請求に対して、平成26年4月21日付の棄却の決定通知を受領しましたが、当該決定につき、なお不服がありますので、再審査請求を行います。

（1） 平成25年9月17日付「国民年金・厚生年金保険障害給付の不支給決定について」の内容

> （理由）
> 請求のあった傷病（卵巣疾患）について、障害認定日である平成25年5月9日現在の障害の状態は、国民年金法施行令別表（障害年金1級、2級の障害の程度を定めた表）・厚生年金保険法施行令別表第1（障害年金3級の障害の程度を定めた表）に定める程度に該当していません。

（2） ❺本件再審査請求に至る経緯

平成25年7月18日	年金請求書（国民年金・厚生年金保険障害給付）提出
平成25年9月17日付	国民年金・厚生年金保険障害給付の不支給決定について受領
平成25年10月29日付	審査請求書提出
平成26年4月21日付	審査請求決定書受領

2. 再審査請求の理由－審査請求決定書において内容を不服とする点

（1） 障害等級2級に該当するものとされる「日常生活が著しい制限を受けるか、又は日常生活に著しい制限を加えることを必要とする程度のもの」および障害等級3級に該当するものとされる「労働が制限を受けるか、又は労働に制限を加えることを必要とする程度の障害を有するもの」に該当していると認めることは困難であるとして結論付けている点。
　請求人の障害の状態は、2級あるいは少なくとも3級に該当すると主張す

（2） 他の支給決定を受けた事案と比較しても、著しく公平性を欠く結果となっている点。

3．**す**審査請求決定書の中で争点としない部分
- 障害の程度の具体的認定にあたっては「国民年金・厚生年金保険　障害認定基準」により取り扱うとしている点。
- 審査官は、A病院 B医師の平成25年5月10日作成の診断書（資料Ⅰ）について、**そ**項番⑫一般状態区分表がウと判定されていることおよび労働能力に関する記載は認め難いとしているが、診断書のその他の箇所については特に異議を唱えていない点。

書き始めは審査請求書と同じです。違うところは、下線**す**、**せ**の2点です。

まず、**す**本件再審査請求に至る経緯を付けました。審査請求の場合ですと、経緯は不支給決定→審査請求でシンプルですが、再審査請求の場合はここに至るまで複雑な経緯をたどるものもあるので、社会保険審査会に理解しやすいように本件の経緯をまとめて書いています。

そして、**せ**必ず「審査請求決定書の中で争点としない部分」を記載します。本件の場合はシンプルに等級該当か否かですが、場合によっては他の部分、たとえば初診日についても認められるか否か争点になりそうな場合もあります。このようなとき、不支給決定書、審査請求決定書いずれにも触れられていないということは、初診日は認められたということになるといえます。それを念押しするためにわざわざ「この部分はすでに認められているので争点とはしませんよ」と書いておくのです。本件は、**そ**審査官が「認め難い」としているところ以外は診断書の記載で事実認定がなされていることをダメ押ししています。

以下、再審査請求の理由につき、詳述いたします。

【理由(1)の根拠】
a．審査官は、障害認定基準の障害等級2級の例示「衰弱又は障害のため、一般状態区分表のエ又はウに該当するもの」および障害等級3級の例示「著しい全身倦怠のため、一般状態区分表のウ又はイに該当するもの」に相当しているとは認め難いとしている。

＜ご参考＞障害認定基準 一般区分表

> ア　無症状で社会活動ができ、制限を受けることなく、発病前と同等にふるまえるもの
> イ　軽度の症状があり、肉体労働は制限を受けるが、歩行、軽労働や座業はできるもの　例えば、軽い家事、事務など
> ウ　歩行や身のまわりのことはできるが、時に少し介助が必要なこともあり、軽労働はできないが、日中の50％以上は起居しているもの
> エ　身のまわりのある程度のことはできるが、しばしば介助が必要で、日中の50％以上は就床しており、自力では屋外への外出等がほぼ不可能となったもの
> オ　身のまわりのこともできず、常に介助を必要とし、終日就床を強いられ、活動の範囲がおおむねベッド周辺に限られるもの

　🖊審査官は、請求人の状態が一般状態区分表の「イ」、「ウ」、「エ」のいずれにも相当しないとして2級もしくは3級不該当と結論付けている。
　ということは、🖊請求人の一般状態区分は「ア」と判断されたことになる。以下、審査官のいうように請求人の状態が「ア」に相当する程度のものであるかについて検討する。

　冒頭、いきなりまとめの慣用句に触れています。文章を練るときは、メインの部分は力を入れて考えますが、ヤマを越えてまとめの文句にまで来たときは、ホッとして深く考えずにいつもの文章を切り貼りするのが普通です。審査官もここに触れられるとは思っていなかったでしょう。
　つまり、審査官は請求人の障害の状態は、障害等級の2級の例示である一般状態区分表エまたはウにも、3級の例示である一般状態区分ウまたはイにも該当しないので、結論として本件不支給決定は妥当だとしているわけです。
　そこで、「あ、そう。🖊イにもウにもエにも該当しないというわけですね。ということは、審査官は請求人の障害の状態をアと判断したことになりますね」という逆説の論理を持ってきました。では、請求人の状態がアに該当するのか診断書を見てみましょうということになります。診断書の主な記載をまとめたのが以下です。この状態がアになるでしょうかと突き付けています。

＜ご参考＞診断書の主な記載

診断書項番	項　目	記載内容
⑩	現在の症状	両手・両足のしびれ、全身倦怠感、動悸息切れ、長時間の歩行困難
⑫	一般状態区分表	ウ　歩行や身のまわりのことはできるが、時に少し介助が必要なこともあり、軽労働はできないが、日中の50％以上は起居しているもの
⑮1(1)	自覚症状	抗がん剤の副作用による全身の倦怠感が著しい。 関節痛、しびれのため足に感覚がない。 動悸、息切れがして長時間の歩行に難を伴う。 手のしびれ・痛みで巧緻性を要する作業が困難。
⑮1(2)	他覚所見	手のしびれ・痛みのため、触覚確認にても非常に鈍い状態であり、足のしびれ・痛みのため、触覚確認にても非常に鈍く、感覚が非常に鈍化している。 また、しびれ感が強いため、ちょっと接触しただけで、ビリビリ感が非常に強い。
⑯	現症時の日常生活活動能力及び労働能力	痛みのため、体を思うように動かせない。 わずかな歩行でも息苦しくなる。足のしびれのため長時間の歩行ができない。 倦怠感で、自宅でも少し動くとソファーに横になる。気力・集中力が低下。重い物が持てない。 炊事、掃除、洗濯等、家事は家族の支援を受けなければ一人ではできない。 足のしびれのため慣れた場所以外への外出は控えている。 会社からも控えるよう言われている。業務が制限された。 現在の状態からみて、就労はかなり厳しい状態と考える。

さらに、審査官が棄却の理由とした根拠に対して畳みかけています。

b．審査官は上記の判断の根拠として以下の点を挙げている。

- 主症状は末梢神経障害性疼痛・しびれ感であり、認定の対象ではない。
- 血液・生化学検査が基準値内に収まっており、転移している事実が認められないことから、症状は安定している。
- 就労可能な職種の範囲が相当な程度に制限されるものに相当しない。

＜ご参考＞悪性新生物による障害

　ア　悪性新生物そのものによって生じる局所の障害
　イ　悪性新生物そのものによる全身の衰弱または機能の障害

> ウ　悪性新生物に対する治療の効果として起こる全身衰弱または機能の障害

　c．主症状が末梢神経障害性疼痛・しびれ感であるとの指摘はまったく当たらない。先ほど掲げたＢ医師の⑤診断書項番⑩に、現在の症状として、「全身倦怠感、動悸・息切れ」と記載されている。また、項番⑮には医師が認めた自覚症状として、「抗がん剤の副作用による全身の倦怠感が著しい。動悸、息切れがして長時間の歩行に難を伴う」と明記されている。さらに、項番⑯において、「長時間の歩行ができない。倦怠感で、自宅でも少し動くとソファーに横になる。炊事、掃除、洗濯等、家事は家族の支援を受けなければ一人ではできない」とあり、これで主症状が全身の倦怠感ではないという審査官の思考そのものに疑問を感じる。

　審査官は請求人の主症状が末梢神経障害性疼痛・しびれ感なので、悪性新生物の認定対象ではないと言っていますが、これは、おそらく敵失でしょう。⑤診断書にこれだけ「全身倦怠感」の記載があるので、審査官の判断に疑問を投げかけることができます。障害認定基準で、悪性新生物による障害は上記ア～ウとされています。「全身倦怠感」は「全身衰弱」そのものですので、ここは当然指摘事項となり得ます。

　d．次に、審査官は「血液・生化学検査が基準値内に収まっており、転移している事実が認められないことから、症状は安定している」ので障害等級に該当しないと判断しているが、これも当たらない。
　　障害認定基準によると、悪性新生物による障害の認定に当たっては、「組織所見とその悪性度、一般検査及び特殊検査、画像診断等の検査成績、転移の有無、病状の経過と治療効果等を参考にして、具体的な日常生活状況等により、総合的に認定する」と記載されている。これは、⑥検査成績等はあくまでも参考であり、呼吸器疾患や心疾患のように検査数値により障害等級を決定するものではないと解することができる。したがって、審査官の決定は「総合的に判断した」とは言い難い。
　　前掲の診断書項番⑩、⑮、⑯を繰り返すまでもなく、請求人は抗がん剤の副作用による全身の倦怠感により日常生活に著しい制限を受けていることは明らかである。
　　また、【理由(2)の根拠】で述べるように、検査数値が基準値内あるいは再発していない場合でも、衰弱状態をみて、障害等級に認定されている事案がある。

つまり、❷請求人の症状は安定しているのではなく、悪い状態で固定しているると見るべきである。これで、全身の倦怠感がないとの判断はどこから出てきたのであろうか。

　ここは一番頭を使ったところです。たしかに請求人の血液検査成績は基準値内ですので、それを持ちだされればこちらの弱いところです。そこで、障害認定基準をよく読むと、悪性新生物による障害の認定に当たっては、「組織所見とその悪性度、一般検査及び特殊検査、画像診断等の検査成績、転移の有無、病状の経過と治療効果等を参考にして、具体的な日常生活状況等により、総合的に認定する」とあります。つまり、❷他の内臓疾患であれば、検査数値でおおよその等級が決まってしまうのですが、悪性新生物の場合は、検査数値はあくまで「参考」であるといえます。抗がん剤の効果で検査数値が良好でも、副作用で全身の倦怠感が著しいこともあるので、数値が基準値内に収まっているから障害の程度が軽いとはいえないのです。そこで、検査成績のみをとらえて等級判断をするのは妥当ではないとしました。
　同様に、障害認定基準には、転移していないから障害の等級に該当しないとはどこにも書いてありません。
　それから、❷審査官は検査成績や転移がないことから、請求人の症状が安定しているとしてきましたが、「安定しているのではなく、悪い状態で固定している」のであるとかわしておきました。

　e．❷労働能力に関して、審査官は、通勤状況や就労時間を挙げて、「就労可能な職種の範囲が相当な程度に制限されるものに相当しない」としているが、実際に、平成24年2月～7月および7月～11月は休職している。また、病歴・就労状況等申立書（資料Ⅲ）に記載されているように「毎日夕方になると疲労が激しく、思考することが難しくなる」、「就業時間中に休息を取らせてもらうことがある」という状況であり、請求人の業務の質・幅およびスピード、ひいては業務量の低下を余儀なくされており、職場の周囲の手厚い理解・支援のもと勤務が続けられているとみるのが妥当である。なお、審査官が注視している「40分かけて通勤」の記載に関し、実際は、会社で車通勤は認められていないが、請求人はほとんど車で通勤し、会社から歩いて1、2分の駐車場に車を停めて、そこから会社まで歩いている。
　f．この状況から、医師は診断書項番⑯において、会社での「業務が制限された」、「現在の状態からみて就労はかなり厳しい状態と考える」との所見であり、これに反対する審査官の医学的根拠のない主張は到底容認できない。

以上から、請求人の状態「ア」に該当するとした保険者および審査官の決定は容認できず、障害等級は2級か少なくとも3級に該当すると強く主張するものであります。

　最後の争点は、労働能力です。冒頭述べたように、2級は概ね就労不能の状態と解することができますが、3級は労働可能ではあるが、健常者と同じように働くことが困難という状態です。
　そこで、請求人は週5時間フルタイムで勤務をしていますが、<u>その勤務および通勤の実態を詳細に述べました。その実態は、やはり会社や周囲の理解、支援がなければ勤務し続けることは無理</u>で、かつ通勤も会社から許可を得て自家用車で通勤しているというものでした。つまり、請求人の労働能力はがんにより著しく低下しており、診断書には「業務が制限された」「就労はかなり厳しい状態と考える」との記載もあり、これはどうみても労働に制限のある状態であろうと主張しました。

【理由(2)の根拠】
g．検査数値が基準値内あるいは再発していない場合でも、衰弱状態をみて、障害等級に認定されている事案があり、本件は他の支給決定を受けた事案と比較しても、著しく公平性を欠く結果となっている。

	本件	1111-111111	2222-222222	3333-333333
現症日	H25.5.10	H26.4.3	H24.7.11	H23.3.9
部位	卵巣	肺	肺	両側乳房
再発 転移				再発
一般状態区分	ウ	ウ	ウ	ウ
臨床所見（自覚症状）				
疲労感	有	有	有	著
動悸	有	有	有	有
息切れ	有	有	有	著
発熱	無	無		有
関節症状	有	有	著	無
易感染性	無	有		有
臨床所見（他覚所見）				
リンパ節膨張	有	記載なし	無	無
出血傾向			無	無
紫斑			無	無
肝腫			無	無
脾腫			無	無

血液検査成績				
赤血球	446	358	320	369
ヘモグロビン濃度	13.2	11.7	10.7	10
ヘマトクリット	46.2	35.3	31.9	32.6
白血球			3,270	3,700
血小板				25.8
血清総蛋白	6.9	6.4	6.7	
血清アルブミン	4.6	3.4	3.4	
予後	不詳	判断困難	不良	不詳
障害等級	不支給	3級	2級	2級

　審査会におかれては、すべての資料をご高覧のうえ、大義ある決定を下されんことを切に望むものであります。

　理由(2)は、審査請求のときと同じように他の事案との比較を展開しています。

結果とまとめ

　平成26年6月10日にレターパックで再審査請求書を送付し、6月13日付の受理通知書を受け取りました。平成26年12月12日に公開審理開催の案内が届きましたが、公開審理・裁決に至らず、平成27年1月19日付の保険者からの処分変更が届き、障害厚生年金3級の支給が決定しました。

　再審査請求において、審査請求書で述べた内容を繰り返している例が多いようですが、いかがなものでしょうか。
　審査請求決定書の中に棄却の理由が示されていますので、まずその部分を抜き出してみましょう。そして、それぞれに対して反論を考えて、棄却理由を一つずつ潰していきましょう。棄却理由をすべて潰すことができれば、棄却そのものが成り立たなくなります。
　本事例では、棄却理由への反論の仕方を中心に論じてみました。読者のヒントになれば幸いです。

事例 2 初診日・相当因果関係が争点の事例

事案の概要

1）請求人は蒲田次郎（昭和41年10月15日生）。両親・兄と同居。
2）平成25年3月に兄が障害認定日で裁定請求。
3）請求のあった傷病（脳血管疾患。症例数が少なく病名を明示すると個人の特定につながるので、以下このように表現します）について、相当因果関係のない傷病（指定難病疾患、個人の特定につながるので、以下このように表現します）が混在していて、当該請求傷病のみの障害の状態を認定することができないことを理由に却下決定。
4）審査請求は「棄却」。
5）代理人が再審査請求したところ、保険者が原処分を変更して、事後重症で2級の障害厚生年金に認定された。

事案の経過

平成25年3月：請求人の兄が裁定請求（年金事務所）
　（照会が2回あり、平成25年7月と同年9月に回答）
平成25年10月：却下決定
　（別傷病が混在し、障害の状態を認定できない）
　（原処分のあったことを知った日：平成25年10月24日）
平成25年12月：審査請求書を厚生局へ郵送提出
平成26年4月：審査請求棄却決定（原処分と同一理由）
平成26年6月：再審査請求書を審査会へ郵送提出
平成26年9月：再審査請求の理由を追加、審査会へ郵送提出
平成26年10月：処分変更の連絡
平成26年11月：障害厚生年金2級決定

事案の争点

争点1：2傷病に因果関係はないのか
争点2：2傷病が混在していると、障害の状態を認定できないのか
争点3：却下されたので障害の程度が診査されていないが何級か

受診歴等の整理

① 昭和41年10月15日　　出生
② 平成21年5月19日　　A病院：初診（脳梗塞）　科は不明
　　平成23年8月11日　　　同　：終診
③ 平成23年8月12日　　B病院：初診（脳血管疾患）脳神経外科
　　平成23年12月22日　　同　：終診
④ 平成23年12月22日　　C病院：初診（脳幹部出血）脳神経外科
　　平成24年2月23日　　　同　：終診
⑤ 平成23年12月22日　　C病院：初診（指定難病疾患）神経内科　通院中
⑥ 平成24年2月23日　　B病院：初診（脳血管疾患）リハビリテーション科　通院中
⑦ 平成24年8月8日　　D病院：初診（脳幹部出血）脳神経外科　通院中

収集する資料等

　脳血管疾患と指定難病疾患に因果関係があるのか、また2傷病の症状を切り分けることができるのかという点を検討して説明するために、文献も参照します。
　まずは南山堂医学大辞典で調べて概略を把握し、その後インターネットで病名を入力して、参考になりそうなホームページや書籍を調べます。急ぐときは、書籍はネットで購入し、少し時間があるときは、医学書が充実している本屋に出向きます。
　ホームページは病名等を入力し、詳しく説明している病院や学会のガイドラインや記事を参考にできないか読み込みます。

● **受診状況等証明書**

年金等の請求用

障害年金等の請求を行うとき、その障害の原因又は誘因となった傷病で初めて受診した医療機関の初診日を明らかにすることが必要です。そのために使用する証明書です。

受 診 状 況 等 証 明 書

① 氏　　　　名　　蒲田　次郎
② 傷　病　名　　脳梗塞
③ 発 病 年 月 日　　昭和・㊗平成　21 年　5 月　18 日
④ 傷病の原因又は誘因　_____
⑤ 発病から初診までの経過
　　前医からの紹介状はありますか。⇒　有　㊗無　（有の場合はコピーの添付をお願いします。）

　平成２１年５月１８日業務中にろれつが回らずうまく話せないように感じた。一晩寝ても軽快せず、右手に力が入らないようにも感じ、５月１９日２３：３０当院救急外来を受診された。

※診療録に前医受診の記載がある場合　　1　初診時の診療録より記載したものです。
　右の該当する番号に〇印をつけてください　　2　昭和・平成　年　月　日の診療録より記載したものです。

⑥ 初 診 年 月 日　　昭和・㊗平成　21 年　5 月　19 日
⑦ 終 診 年 月 日　　昭和・㊗平成　23 年　8 月　11 日
⑧ 終診時の転帰（ 治癒・㊗転医・中止 ）
⑨ 初診から終診までの治療内容及び経過の概要
　平成２１年５月１９日にＣＴ施行、有意な所見なし。採血で貧血が認められ、心電図・胸部Ｘ－Ｐは所見なし。同年５月２０日にＭＲＩの予定を立て、同年同月２７日ＭＲＩ施行、脳梗塞の所見。同年同月２９日より投薬治療開始（バイアスピリン）。以後１～２か月ごとに外来通院。平成２３年８月１１日に左下肢の軽度の脱力感・手のしびれを訴え、救急外来受診。１週間前から発症していたとの由。ＭＲＩ施行後に脳幹部出血を認め、Ｂ病院を紹介。

⑩ 次の該当する番号（1～4）に〇印をつけてください。
　　複数に〇をつけた場合は、それぞれに基づく記載内容の範囲がわかるように余白に記載してください。
　　上記の記載は　㊗1　診療録より記載したものです。
　　　　　　　　　2　受診受付簿、入院記録より記載したものです。
　　　　　　　　　3　その他（　　　　　　　　　　）より記載したものです。
　　　　　　　　　4　昭和・平成　年　月　日の本人の申し立てによるものです。

⑪ 平成 25 年 3 月 16 日
　医療機関名　　Ａ病院　　　　　　　診療担当科名
　所　在　地　　　　　　　　　　　　医師氏名　〇〇〇〇　　㊞

提出先）日本年金機構　　　　　　　　　　　　　（裏面もご覧ください。）

●診断書

様式第120号の3

国民年金 / 厚生年金保険　診断書（肢体の障害用）

（フリガナ）氏名	カマタ ジロウ　蒲田 次郎
生年月日	☑昭和 □平成 41年 10月 15日生
性別	☑男 □女
住所	○○○-○○○○　○○都道府県　○○郡市区　○○町 ○-○-○
①障害の原因となった傷病名	脳血管疾患
②傷病の発生年月日	☑昭和 ☑平成 23年 8月 4日（☑診療録で確認 □本人の申立て）
③①のため初めて医師の診療を受けた日	☑昭和 ☑平成 23年 8月 11日（☑診療録で確認 □本人の申立て）
④傷病の原因又は誘因	不詳　初診年月日（□昭和・□平成 年 月 日）
⑤既存障害	なし
⑥既往症	なし
⑦傷病が治った（症状が固定して治療の効果が期待できない状態を含む。）かどうか。	傷病が治っている場合……治った日 平成 年 月 日　□確認 □推定 傷病が治っていない場合……症状のよくなる見込 □有・☑無・□不明
⑧診断書作成医療機関における初診時所見 初診年月日 □昭和・☑平成 23年 8月 12日	平成23年8月4日左下肢の脱力・しびれを自覚。自宅で様子を見たが軽快せず、同年同月11日にA病院を受診し脳血管障害が疑われた。同年同月12日当院脳神経外科初診。初診時に左上下肢のしびれ・脱力感を訴えるが、他覚的には麻痺を認めず、バレー徴候も認めなかった。CTで右橋背側の出血を認めた。このため同年同月19日にMRI施行し、脳出血が確認されている。
⑨現在までの治療の内容、期間、経過、その他参考となる事項	脳血管疾患として外来通院観察していたが、平成23年11月15日自宅にて左半身しびれの増悪あり、同年同月17日に当院再診、入院した。MRIにて出血による増悪を認め、症状進行認め、同年12月22日B病院に転院。同年同月27日出血増大、閉塞性水頭症を同年同月28日緊急開頭血腫除去及び脳内ドレナージ術を施行された。平成24年2月23日から失調性片麻痺、体幹失調に対するリハビリテーションのため、当院入院加療した。その後平成24年8月8日D病院脳神経外科へ紹介され、ガンマナイフ治療を受け、経過観察中。
⑩計測（平成 年 月 日計測）	身長 170 cm　体重 72.5 kg　血圧 最高 111 mmHg　最低 77 mmHg

障害の状態（平成 25年 1月 24日現症）

凡例：■切断離断　×変形　／／感覚麻痺　＝運動麻痺

切断又は離断日 平成 年 月 日　　創面治ゆ日 平成 年 月 日

切断又は離断の場合の神経・運動障害		
断端の痛み □有・□無	すぐ上の関節の異常 □有・□無	（有の場合は⑫欄に記入してください。）

外観：□弛緩性・☑硬直性・□不随意運動・☑失調性・□強剛性・□しんせん性
起因部位：☑脳性・□脊髄性・□末梢神経性・□筋性・□その他（心因性のものと思われる場合は、その旨を右に記入してください。）
種類及びその程度：感覚麻痺（□脱失・□鈍麻・□過敏・☑異常）　☑運動麻痺

反射	右				左			
	上肢	下肢	バビンスキー反射	その他の病的反射	上肢	下肢	バビンスキー反射	その他の病的反射
	+	+	-		±	±	+	

その他：排尿障害 □有・☑無　排便障害 □有・☑無　褥創又はその瘢痕 □有・☑無

⑫脊柱の障害

部位	前屈	後屈	右側屈	左側屈	右回旋	左回旋	随伴する脊髄・根症状などの臨床症状
頚部							
胸腰部							

⑬人工骨頭・人工関節の装着の状態：部　手術日 平成 年 月 日

⑭握力：右 25 kg　左 15 kg

⑮手の他動可動域 指関節

部位	母指		示指		中指		環指		小指	
	屈曲	伸展	屈曲	伸展	屈曲	伸展	屈曲	伸展	屈曲	伸展
中手（足）指節間関節（MP）右	35	5	95	10	95	10	95	10	100	10
中手（足）指節間関節（MP）左	35	0	95	10	95	10	95	10	100	10
近位指節間関節（PIP）（母指では指節間関節）右	100	10	100	10	100	10	100	10	100	10
近位指節間関節（PIP）（母指では指節間関節）左	100	10	100	10	100	10	100	10	100	10

本人の障害の程度及び状態に無関係な欄には記入する必要はありません。（無関係な欄は、斜線により抹消してください。）

（お願い）障害の状態は、診療録に基づいてわかる範囲で記入してください。

（お願い）太文字の欄は、記入漏れがないように記入してください。

「診療録で確認」または「本人の申立て」のどちらかを選択し、本人の申立ての場合は、それを聴取した年月日を記入してください。

障害の状態（平成 25 年 1 月 24 日現症）

⑯ 関節可動域及び筋力

部位	運動の種類	右 関節可動域（角度） 強直肢位	右 関節可動域（角度） 他動可動域	右 筋力 正常	右 やや減	右 半減	右 著減	右 消失	左 関節可動域（角度） 強直肢位	左 関節可動域（角度） 他動可動域	左 筋力 正常	左 やや減	左 半減	左 著減	左 消失
肩関節	屈曲		140	✓						140			✓		
	伸展		35	✓						35			✓		
	内転		0	✓						0			✓		
	外転		145	✓						140			✓		
肘関節	屈曲		120	✓						120			✓		
	伸展		0	✓						0			✓		
前腕	回内		80	✓						80			✓		
	回外		80	✓						80			✓		
手関節	背屈		45	✓						40			✓		
	掌屈		45	✓						40			✓		
股関節	屈曲		120	✓						120			✓		
	伸展		10	✓						10			✓		
	内転		15	✓						15			✓		
	外転		30	✓						30			✓		
膝関節	屈曲		130	✓						125			✓		
足関節	背屈		20	✓						20			✓		
	底屈		40	✓						40			✓		

（お願い）関節可動域は、健側についても記入してください。

股関節屈曲値は次のどちらですか。
☐ 膝屈曲位
☐ 膝伸展位

⑰ 四肢長及び四肢囲 （記入なし）

⑱ 日常生活における動作の障害の程度

補助用具を使用しない状態で判断してください。

- 一人でうまくできる場合には・・・「○」
- 一人でできてもやや不自由な場合には・・・「○△」
- 一人でできるが非常に不自由な場合には・・・「△×」
- 一人で全くできない場合には・・・「×」

該当する記号をリストから選択してください。

日常生活における動作	右	左
a つまむ（新聞紙が引き抜けない程度）	○	○△
b 握る（丸めた週刊誌が引き抜けない程度）	○	△×
c タオルを絞る（水をきれる程度）	両手	
d ひもを結ぶ	両手	△×
e さじで食事をする	○	×
f 顔を洗う（顔に手のひらをつける）	○	○
g 用便の処置をする（ズボンの前のところに手をやる）	○	○△
h 用便の処置をする（尻のところに手をやる）	○	△×
i 上衣の着脱（かぶりシャツを着て脱ぐ）	両手	
j 上衣の着脱（ワイシャツを着てボタンをとめる）	両手	
k ズボンの着脱（どのような姿勢でもよい）	両手	
l 靴下を履く（どのような姿勢でもよい）	両手	△×

日常生活における動作	右	左
m 片足で立つ	△×	×
n 座る［正座、横すわり、あぐら、脚なげだし］（このような姿勢を持続する）		
o 深くおじぎ（最敬礼）をする		
p 歩く（屋内）		
q 歩く（屋外）		

	ア 支障なくできる	イ 支持があればできるがやや不自由	ウ 支持があればできるが非常に不自由	エ 支持があってもできない
r 立ち上がる			✓	
s 階段を上る				✓
t 階段を下りる				✓

平衡機能

1 開眼での起立・立位保持の状態
- ア 可能である。
- イ 不安定である。
- ✓ ウ 不可能である。

2 開眼での直線の10m歩行の状態
- ア まっすぐ歩き通す。
- イ 多少転倒しそうになったりよろめいたりするがどうにか歩き通す。
- ✓ ウ 転倒あるいは著しくよろめいて、歩行を中断せざるを得ない。

3 自覚症状・他覚所見及び検査所見

⑲ 補助用具使用状況

- ☐ 1 上肢補装具 〔　　〕
- ☐ 2 〔　　〕下肢補装具 〔☐左・右〕
- ☐ 3 〔　　〕杖
- ☐ 4 〔　　〕松葉杖 〔☐左・右〕
- ✓ 5 〔イ〕車椅子
- ☐ 6 〔　　〕歩行車
- ☐ 7 〔　　〕その他（具体的に　　　　）
- ☐ 8 補助用具は使用していない

ア 常時（起床より就寝まで）使用
イ 常時ではないが使用

使用状況を詳しく記入してください。

⑳ その他の精神・身体の障害の状態

右MLF症候群、右外側神経麻痺、右顔面神経麻痺、左三叉神経麻痺、左半身重度感覚障害が残存している。これらは橋出血による後遺症と判断される。C病院入院中に同院神経内科にて精査を受け、指定難病疾患と診断され、インターフェロン治療を受けている。

㉑ 現症時の日常生活動作能力及び労働能力（必ず記入してください。）

（補助用具を使用しない状態で判断してください。）
眼球運動障害、著名な体幹失調あり。ADLも一部介助を要し、労働能力はほぼ喪失している。

㉒ 予後（必ず記入してください。）

現在のところ症状固定、今後再発あれば悪化の可能性あり。

㉓ 備考

上記のとおり、診断します。　平成 25 年 1 月 26 日

病院又は診療所の名称　B病院　　　　　診療担当科名　リハビリテーション科

所在地　　　　　　　　　　　　　　　医師氏名　〇〇〇〇　　　㊞

審査請求

審査請求書

平成25年12月12日

○○厚生局 社会保険審査官　殿

　　　　　　　　請求人　住　所　○○県○○市○○町○-○-○
　　　　　　　　　　　　氏　名　蒲田　次郎　㊞
　　　　　　　　　　　　電　話　○○○-○○○○-○○○○
　　　　　　　　代理人　住　所　○○県○○市○○町○-○-○
　　　　　　　　　　　　氏　名　蒲田　一郎　㊞
　　　　　　　　　　　　電　話　○○○-○○○○-○○○○
　　　　　　　　　　　　（請求人との関係　兄）

つぎのとおり、審査請求します。

被保険者もしくは被保険者であった者	住　所	○○県○○市○○町○-○-○	「記号および番号」欄には、被保険者証・年金手帳・年金証書の記号番号を記入してください。
	氏　名（ふりがな）	蒲田　次郎（かまた　じろう）	
	生年月日	昭和41年10月15日	
	記号・番号	1111-111111	
	事業所名所在地		電　話
給付を受けるべき者	住　所		被保険者もしくは被保険者であった者の死亡にかかる給付について、審査請求をする場合にだけ記入してください。
	氏　名（ふりがな）		
	生年月日		
	死亡者との続柄		
原処分者	所在地	千代田区霞ヶ関1-2-2	あなたが不服とする処分をした保険者等の代表者名を記入してください。
	名　称	厚生労働大臣	
原処分があったことを知った日		平成25年10月24日	あなたが不服とする処分をあなたが知った日（その通知書をあなたが受け取った日）を記入してください。
審査請求の趣旨および理由	（審査請求の趣旨および理由）平成24年12月から年金事務所に相談しながら書類を準備し、橋出血後の障害の状態により平成25年3月に請求しました。それにもかかわらず、顔面麻痺などの指定難病疾患との関係を医師も明確にあるともないともしていないなか、障害の状態を認定することができないと通知をいただきました。現在症状固定している障害があり、病気になったときには年金も納めていることから、生活のための年金支給を早期に決定していただきたい。また、請求の方法については年金事務所に相談して行いましたが、別の方法による手続きが必要であれば、その内容を示していただきたい。		あなたが、どんな処分を受けたので不服申立をするのか、その理由および社会保険審査官にどういう決定をしてもらいたいかを、なるべくくわしく記入してください。（別紙に書いても結構です。）
添付資料	（身体障害者手帳診断書・意見書のコピー）		ここには診断書等を証拠として提出するときに、それ等の文書や物件の名前を列記してください。
委任状	この審査請求については、蒲田一郎　㊞　を、私の代理人にいたします。審査請求人氏名　蒲田　次郎　㊞平成25年12月12日○○厚生局社会保険審査官　殿		

事例2　初診日・相当因果関係が争点の事例

● **身体障害者診断書・意見書**

総括表　　　　　　　**身体障害者診断書・意見書（肢体不自由用）**

氏　名	蒲田　次郎	昭和41年　10月　15日生	㊚ 女

住　所　〇〇県〇〇市〇〇町〇-〇-〇

① 障害名（部位を明記）

　体幹の機能障害により起立位を保つことが困難なもの

② 原因となった疾病・外傷名　　橋出血　　　　　外傷・㊝疾病
　　　　　　　　　　　　　　　　　　　　　　　　先天性・その他（　　　）

③ 疾病・外傷発生年月日　　平成23年　11月　15日

④ 参考となる経過・現症（画像診断及び検査所見を含む。）

　平成23年8月4日、左上上肢の脱力・しびれを自覚。自宅で様子をみたが軽快せず、8月11日 A 病院受診し脳血管障害を疑われ、8月12日当院外来紹介初診、脳血管疾患の診断で外来通院経過観察となった。11月15日から左半身しびれの増悪あり17日当院再診し入院、MRIにて出血による血管腫の増大あり、症状進行するため12月22日 C 病院脳神経外科へ転院。12月27日橋出血の増大、閉塞性水頭症を併発し28日緊急で開頭血腫除去術および脳室ドレナージ術を施行された。平成24年2月23日～5月22日リハビリテーションのため当院入院加療した。【現症】体幹失調が著明で筋力も半減している。左失調性不全片麻痺あり。

人工関節又は人工骨頭置換術　　　年　　月　　日
障害固定又は障害確定（推定）平成24年　9月　14日

⑤ 総合所見（再認定の項目も記入）

　体幹の機能障害のため、10分以上にわたり起立位を保つことが困難である。

〔将来再認定　要（軽度化・重度化）・㊝不要〕
〔再認定の時期　1年後・3年後・5年後〕

⑥ その他参考となる合併症状

上記のとおり診断する。併せて以下の意見を付す。
　　平成24年　9月　14日
　　病院又は診療所の名称　　　B病院　　　　電話　（　　）
　　所　　在　　地
　　診療担当科名 リハビリテーション科　　医師氏名　　　　　　印

身体障害者福祉法第15条第3項の意見

障害の程度は、身体障害者福祉法別表に掲げる障害に ⦿ 該当する。 ・該当しない。	障害程度等級についての参考意見 2 級相当	内　訳	等　級
		上　肢	級
		下　肢	級
		体　幹	2 級

※ 下肢と体幹の障害が重複する場合、その総合等級は、原則として指数合算を行わないこと

神経学的所見その他の機能障害（形態異常）の所見　（該当するものを○で囲み、下記空欄に追加所見記入）
1　感覚障害（下記図示）　　：なし・感覚脱失・⦅感覚鈍麻⦆・⦅異常感覚⦆
2　運動障害（下記図示）　　：なし・弛緩性麻痺・痙性麻痺・固縮・不随意運動・しんせん・⦅運動失調⦆・その他
3　起因部位　　　　　　　　：⦅脳⦆・脊髄・末梢神経・筋肉・骨関節・その他
4　排尿・排便機能障害　　　：⦅なし⦆・あり
5　形態異常　　　　　　　　：⦅なし⦆・あり

参　考　図　示

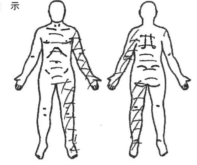

×変形　■切離断　▨感覚障害　☰運動障害

（注）関係ない部分は記入不要

	右	左
上 肢 長 cm		
下 肢 長 cm		
上腕周径cm		
前腕周径cm		
大腿周径cm		
下腿周径cm		
握　力kg	21.5	10.5

動作・活動　・自立－○　半介助－△　全介助又は不能－×、（　）の中のものを使う時にはそれに○
　　　　　　・左右の別がないものは、共働での評価とする。

寝返りをする		○	〔はしで〕食事をする	右	○
座る（背もたれ、支え）	足を投げ出して	△	（スプーン、自助具）	左	×
	正座、あぐら、横座り	△	コップで水を飲む	右	○
				左	×
			シャツを着て脱ぐ〔かぶりシャツ〕	○	
いすに腰掛ける		○	ズボンをはいて脱ぐ（自助具）（どのような姿勢でもよい）	○	
座位又は臥位より立ち上がる（手すり、壁、つえ、松葉づえ、義肢、装具）		△	ブラシで歯を磨く（自助具）	右	○
				左	×
家の中の移動（壁、つえ、松葉づえ、義肢、装具、車いす）		△	顔を洗いタオルでふく	右○　左△	
			タオルを絞る	両手　△	
二階まで階段を上って下りる（手すり、つえ、松葉づえ）		×	背中を洗う	△	
			排泄の後始末をする	右○　左△	
屋外を移動する（つえ、松葉づえ、車いす）		×	公共の乗物を利用する	×	

注：身体障害者福祉法の等級は機能障害（impairment）のレベルで認定されますので（　）の中に○が付いている場合、原則として自立していないという解釈になります。

歩行能力及び起立位の状況（該当するものを○で囲む）
　(1) 歩行能力（補装具なしで）　：正常に可能
　　　　　　　　　　　　　　　　　（2km、1km、100m・ベッド周辺）以上歩行不能　10m⦅つたい歩き又は介助要す⦆
　　　　　　　　　　　　　　　　　不能
　(2) 起立位保持（補装具なしで）　：正常に可能
　　　　　　　　　　　　　　　　　（1時間・30分・⦅10分⦆）以上困難
　　　　　　　　　　　　　　　　　不能

計測法
　　上 肢 長：肩峰→橈骨茎状突起　　　　前腕周径：最大周径
　　下 肢 長：上前腸骨棘→（脛骨）内果　大腿周径：膝蓋骨上縁上10cmの周径（小児等の場合は別記）
　　上腕周径：最大周径　　　　　　　　　下腿周径：最大周径

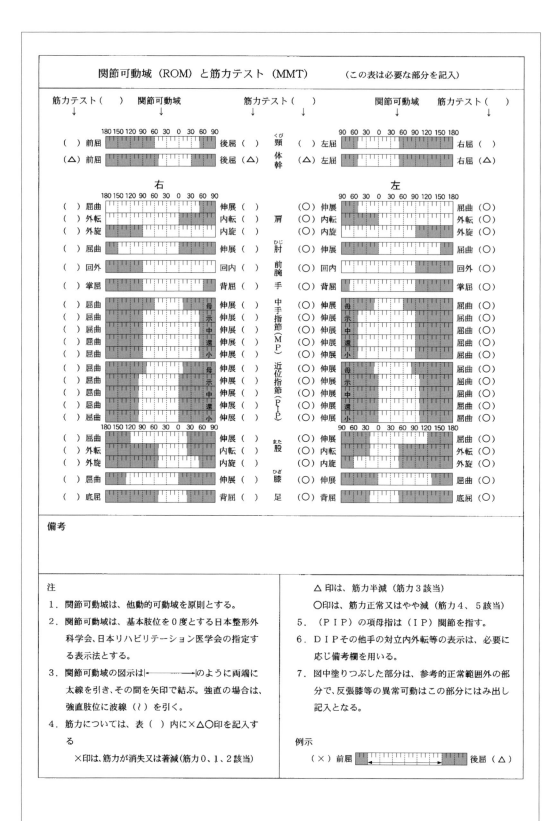

㋐【審査請求の趣旨および理由】

　平成24年12月から年金事務所に相談しながら書類を準備し、橋出血後の障害の状態により平成25年3月に請求しました。それにもかかわらず、顔面麻痺などの指定難病疾患との関係を医師も明確にあるともないともしていないなか、障害の状態を認定することができないと通知をいただきました。

　現在症状固定している障害があり、病気になったときには年金も納めていることから、生活のための年金支給を早期に決定していただきたい。

　また、請求の方法については年金事務所に相談して行いましたが、別の方法による手続きが必要であれば、その内容を示していただきたい。

㋑【添付資料】

　身体障害者手帳診断書・意見書の写し

以上

【解　　説】

㋐：請求人の兄が作成しました。ご本人とご家族の心からの叫びだと感じました。

　脳血管疾患についてはリハビリを終了していて、症状固定と表現したとのこと。「病気になったとき」とは脳梗塞の発症の平成21年5月19日で、厚年加入中であったことから「年金（保険料）も納めている」と記載したようです。

㋑：身体障害者手帳診断書・意見書には症状固定日が平成24年9月14日と記載されていて、2級で交付されたので提出したとのことです。この段階では審査の資料とはなりませんでした。

再審査請求

　本事案は、審査請求までは請求人の兄が手続きをして、代理人は再審査請求の段階から依頼を受けました。請求期限の4日前に初めて連絡があり、受診状況等証明書、診断書、病歴・就労状況等申立書と却下決定通知書の写しをメール添付で受け取りました。

　請求人の兄は、指定難病疾患の主治医であるC病院の神経内科医の意向も聞き取りました。兄が面談して、障害年金が支給されなかったことを伝えると、主治医から「現在の障害は、左半身感覚麻痺と眼球運動麻痺であり、右顔面麻痺もある。脳出血後の後遺症としても、指定難病疾患の症状としても発現するものである。指定難病疾患の初診日は平成23年12月の当科と考えられる。平成21年に脳梗塞と診断されたときは、若くして脳梗塞を発症しないと考えるべきであったし、血圧も正常だったし、指定難病疾患の症状の疑いもある。診断書が不足であれば記載項目を明示してもらえると初診日や因果関係を証明できると思う。何が必要か教えてください」と言われたそうです。

　結局、審査請求の結果が記載された決定書を見ないまま、C病院の主治医の意向もふまえ、兄が主治医から聴取した内容を基に理由を作成しました。日本年金機構における2つの傷病のそれぞれの初診日を特定できなかったので、がちがちに固めず変更できそうな内容にしました。

　決定書の決定日・審査官氏名はファクシミリで、決定書の受取日は電話で請求人の兄に確認し、再審査請求書を作成しました。再審査請求書と委任状を請求人の兄に送り、年月日を記入し認印を押捺していただき、社会保険審査調整室に郵送していただきました。期限内に届くか冷や冷やでしたが、なんとか間に合いました。

　その後に判明したのですが、兄は障害認定日で裁定請求したつもりでしたが窓口で事後重症請求に変更を促され、よく理解しないまま年金請求書に訂正印を押捺し、事後重症請求となりました。兄は、最初の脳梗塞が脳血管疾患に影響したかもしれないと考えたそうで、年金請求書と病歴・就労状況等申立書はたしかにそのように作成されていました。障害認定日で請求したと考えていた兄とは、なんとなく話が合わないままこの段階を終えました。

再審査請求書

平成26年6月16日

社会保険審査会　殿

　私は下記のように**審査官の決定**を受けましたが、なお**不服があるため再審査請求**をします。

審査の決定をした社会保険審査官	○○厚生局　○○○○社会保険審査官
審査官決定年月日	平成26年4月19日
決定書の謄本が送付された年月日	平成26年4月20日
再審査請求をすることができる旨の教示の有無	（あった）　　　　　　　　なかった
再審査請求の趣旨及び理由 （右のいずれかに○を付けて下さい。）	1．審査官に対して行った審査請求の趣旨及び理由と同じ。 ②．別紙（2枚目）［再審査請求の趣旨及び理由］に記載のとおり。

再審査請求人　　　フリガナ　　カマタ　ジロウ
　　　　　　　　　　氏　　名　　蒲田　次郎　　㊞
　　　　　　　　　　住　　所　　（〒○○○-○○○○）
　　　　　　　　　　　　　　　　○○県○○市○○町○-○-○
　　　　　　　　　　連絡先電話番号　○○○-○○○-○○○○（実兄　蒲田　一郎）

※　代理人の方が請求される場合、下記に記入の上、別紙の委任状を併せて提出してください。

代　理　人　　　フリガナ　　ササキ　クミコ

※代理人が複数いる場合、こちらに代表代理人の方を記入してください。

　　　　　　　　　　氏　　名　　佐々木　久美子　　㊞
　　　　　　　　　　住　　所　　（〒144-0051）
　　　　　　　　　　　　　　　　東京都大田区西蒲田7-21-10-504
　　　　　　　　　　連絡先電話番号　03（○○○○）○○○○

以下の欄については、審査官からの決定書に記載されている内容と異なる場合のみ記入してください。

被保険者、被保険者であった者 又は 受給権者、受給権者であった者 （遺族年金、未支給給付、埋葬料等を請求した場合に、死亡された方のことを記入すること。）	氏　名	
	生年月日	明・大 昭・平　　年　　月　　日　　　記号及び番号又は基礎年金番号
	住　所	〒　　－
	事業所名 所在地	
給付を受けるべき者 （遺族年金、未支給給付、埋葬料等を請求した場合に、請求された方のことを記入すること。）	氏　名	
	生年月日	明・大 昭・平　　年　　月　　日　　　死亡者との続柄
	住　所	〒　　－
原処分者	所在地 名　称	
原処分があったことを知った年月日		平成　　　年　　　月　　　日

委　任　状

平成26年6月16日

社会保険審査会　殿

（再）審査請求人　　フ　リ　ガ　ナ　　　　カマタ　ジロウ
　　　　　　　　　　氏　　　　　名　　　　蒲田　次郎　　㊞
　　　　　　　　　　郵　便　番　号　　　　〒〇〇〇－〇〇〇〇
　　　　　　　　　　住　　　　　所　　　　〇〇県〇〇市〇〇町〇－〇－〇
　　　　　　　　　　連絡先電話番号　　　　〇〇〇－〇〇〇〇－〇〇〇〇

　この（再）審査請求に関する一切の行為（取下げも含む。）をすることについて、下記の者に委任します。

＊（再）審査請求に関する行為の一部のみを委任することも可能です。その場合には、上記の文章中「一切の行為（取下げも含む。）」に線を引いて訂正印を押印し、そのすぐ下に委任する行為を明記してください。

代　理　人　　　　　フ　リ　ガ　ナ　　　　ササキ　クミコ
　　　　　　　　　　氏　　　　　名　　　　佐々木　久美子
　　　　　　　　　　請求人との続柄　　　　特定社会保険労務士
　　　　　　　　　　郵　便　番　号　　　　〒１４４－００５１
　　　　　　　　　　住　　　　　所　　　　東京都大田区西蒲田7-21-10-504
　　　　　　　　　　連絡先電話番号　　　　０３－〇〇〇〇－〇〇〇〇

※（再）審査請求に関する行為を代理人に委任する場合には、上記委任状に必要事項を記入し、（再）審査請求人が押印の上、（再）審査請求書と一緒に提出してください。なお、代理人が複数いる場合には、各代理人について同様の委任状を提出してください。

主治医の意見・理由の変更

　再審査請求の受理通知が代理人に送られるころに、他の関連書類も入手しました。

　日本年金機構からの最初の照会事項は、代理人が読んでも何を意図して照会したのか理解できませんでした。また、審査請求の決定書からは「傷病が混在しているから当該請求傷病（脳血管疾患）のみの障害の状態を認定することができないため」という日本年金機構の理由について、診断書等の症状のみ羅列されているだけで、社会保険審査官が支持する根拠は明記されていませんでした。

　審査請求時に提出した身体障害者診断書・意見書は、決定書の審査資料には記載がなく、「後から提出した資料は判断の根拠にしない」と最後に記載されていました。筆者は、審査請求時に追加で提出した身体障害者診断書・意見書や介護保険の認定書類（作成日自体は、本事案同様、障害年金の診断書の現症日より前）により処分が変更された事案を保有しており、この点も納得できませんでした。

● 日本年金機構からの照会・回答（A病院）

蒲田 次郎 様　　　　　　　（様式1-13）　　　　　　　（照会番号）
　　　　　　　　　　　　　　　　　　　　　　　　　　　XXXX-XXXXX
　　　　　　　　　　　　　　　　　　　　　　　　　　　平成25年6月28日

障害給付　年金請求書にかかる照会事項について

あなたから請求のありました「障害給付　年金請求書」を審査した結果、以下の事項について調査が必要となりましたので、A病院○○○○先生に記載してもらい、下記の提出先に返送してください。

　A　病院
　　○○○○先生

　平素より年金業務にご協力いただき感謝しております。さて、ご多忙中のところ誠に恐縮ですが、貴院受診の蒲田 次郎様から請求のありました「障害給付　年金請求書」の審査を進めるため、次の事項についてご教示願います。

◎蒲田 次郎様は、平成23年8月に脳幹部出血を発症しています。脳幹部出血を発症する前の、平成22年2月～5月頃の脳梗塞による症状について、おわかりになる範囲で記載願います。
　脳卒中運動機能障害の重症度調査票です。
　麻痺側について、該当の番号に○印でチェックしてください。
　　　　　　　　　　　　　　　　　　　　　　［平成22年3月　頃　日現症］

A　手指　　①．正常
　　　　　　2．親指と小指で輪を作れる
　　　　　　3．そばに置いたコップが持てる
　　　　　　4．指は動くが物はつかめない
　　　　　　5．動かない
B　腕　　　①．正常
　　　　　　2．肘を伸ばしたまま腕を挙上できる
　　　　　　3．肘を屈曲すれば挙上できる
　　　　　　4．腕はある程度動くが持ち上げられない
　　　　　　5．動かない
C　下肢　　①．正常
　　　　　　2．膝を伸ばしたまま下肢を挙上できる
　　　　　　3．自力で膝立てが可能
　　　　　　4．下肢は動くが膝立てはできない
　　　　　　5．動かない
D　足関節　1．爪先を上げられる（座位で検査する）　不詳
　　　　　　2．爪先を上げられない
E　複合運動（ベッド上仰臥位からベッド脇で立位になるまでの一連の動作）
　　　　　　①．ベッド脇に立てる
　　　　　　2．ベッド上で座れる
　　　　　　3．座れない
F　歩行　　①．杖・補装具なしに歩ける
　　　　　　2．杖・補装具なしでは、自力で歩けない

なお、下記に署名・捺印も併せてお願いします。

平成25年7月18日
医療機関名及び住所　　A　病院
　　　　　　　　　　　　　　　　　　　　　医師の氏名　　○○○○

● 日本年金機構からの照会・回答（C病院）

蒲田 次郎 様　　　　　　（様式1-13）　　　　　　（照会番号）
　　　　　　　　　　　　　　　　　　　　　　　　XXXX-XXXXX
　　　　　　　　　　　　　　　　　　　　　　　　平成○年○月○日

障害給付　年金請求書にかかる照会事項について

　あなたから請求のありました「障害給付　年金請求書」を審査した結果、以下の事項について調査が必要となりましたので、神経難病で受診している病院の担当医に記載してもらい、○○年金事務所に返送してください。

ご担当医　様

　平素より年金業務にご協力いただき感謝しております。さて、ご多忙中のところ誠に恐縮ですが、貴院受診の蒲田 次郎様から請求のありました「障害給付　年金請求書」の審査を進めるため、次の事項についてご教示願います。

◎指定難病疾患に対する治療は現在どうなっていますか。これによる障害を具体的に教えて下さい。
（ご回答）
平成21年5月　右半身の感覚障害、失語あり。症状は数日で軽快（指定難病疾患症状）
平成23年8月　右橋出血による左半身の感覚障害、左片麻痺出現
平成23年11月　指定難病疾患による右顔面麻痺、眼球運動障害出現、視力低下も指摘される
平成23年12月22日　当科紹介初診（神経内科）
平成24年1月25日～2月22日　当科入院、精査、治療。ステロイド治療で視力改善。またこの時の入院で知能低下も指摘。
　　　　　　　指定難病疾患再発予防としてインターフェロン皮下注射開始。
　　　　　　　以後現在までインターフェロン治療を継続
　　　　　　　現在、指定難病疾患の後遺症である軽度認知機能低下、右顔面麻痺、視力低下、眼球運動障害と脳出血後遺症である左不全片麻痺が残っている。
　なお、下記に署名・捺印も併せてお願いします。

平成25年9月7日
医療機関名及び住所　　C　病院　　　　　　　　　　　　　神経内科
　　　　　　　　　　　　　　　　　　　　　　　　　　医師の氏名　〇〇〇〇

2回目の回答からは、平成21年5月に生じたのは脳梗塞ではなく指定難病疾患の症状であったと、指定難病疾患の当時の主治医であったC病院の神経内科医が考えていて、それをB病院のリハビリ科の主治医も支持したことが診断書の内容からもわかります。また相当因果関係等は、この回答にも先述の身体障害者診断書・意見書にもまったく記載されていませんでしたし、そのようなことが記載されている文献もなかったので、この段階で相当因果関係はない前提でよいと考え、進めました。

　本事案は請求傷病が一般的でない「脳血管疾患」だったため、代理人も手続きの経験がなく、脳梗塞と最初に診察されていたこともあり、指定難病疾患の症状との切り分けを果たしてどのように行うか悩みました。

　文献を参照しようとしても、症状は示されていますが、症状が似かよった2傷病に関する考察というような事例は採り上げられていないため、本人・家族・主治医から実情を確認する以外に方法はないと考えました。

　社会保険労務士は医療のプロではありませんから、書類を正確に調えるには観察とヒアリングが重要です。請求人の自宅に伺って家具の配置や生活ぶりを目の当たりにし、請求人とその母・兄に面談したことで、診断書から把握しきれなかった実態はすぐに確認できました。このときに、病歴・就労状況等申立書の障害の状態は軽く記載されていると実感しました。すべて調子のよいときのことが書かれていたのです。

　また、請求人の兄が医療に明るいので、率直にその理由を尋ねたところ、介護施設職員で、医師とのやりとりに慣れていることがわかりました。脳梗塞の後遺症の利用者も実際に多いと聞いて、今後の道が開けたように感じました。

　話すうちに、提出した診断書を作成したB病院のリハビリ科の主治医にも「2傷病の切り分けが可能か」正式に確認することが必要ではないかということなりました。

　数日後に兄がB病院のリハビリ科の主治医に面談した結果、次のような意見書をいただくことができました。これにより、最初の再審査請求書提出時の理由が障害認定日請求を求めており整合しなくなるため、理由を再作成しました。

● 主治医の意見書（B病院）

> 資料1

蒲田次郎診断書について

　当院で作成した平成25年1月24日現症の障害年金の診断書について、以下の通り補足する。日本年金機構に診断書を提出した段階で問い合わせや書き直しの指示等あれば、きちんと対応するのが医師の義務だと考えている。診断書について照会等なかったので意見を申し上げる。

1. 2欄　傷病の発生年月日について
　②欄は、初診時の問診により本人から聴取したもので、この日に左上下肢の脱力・しびれを自覚したとのことであった。A病院からの診療情報提供書の内容も考慮の上、平成21年5月19日に脳梗塞と診断された症状とは病名を区別すべきと考え、発生年月日を平成23年8月11日とした。

2. 3欄　①のため初めて医師の診療を受けた日について
　A病院からの診療情報提供書に基づき平成23年8月11日に「脳幹部出血した」と記載した。平成25年1月24日の障害の状態は、この日を初診とする脳幹部の出血から始まっていると考える。

3. 傷病の発生機序について
　障害の状態について、原因傷病の割合を特定するのは不可能である。C病院で指定難病疾患と診断されたと、診断書の⑳欄に記載したが、平成25年1月24日の障害の状態は、脳血管疾患によるものが大半である。
　社会保険審査官が決定書の9頁の上から3行目から「指定難病疾患の症状も確認される」と記載されているが、それはおそらく、右MLF症候群、右外側神経麻痺、右顔面神経麻痺に関すると推定される。
　蒲田次郎の障害の状態は、指定難病疾患の症状以外の左不全片麻痺の症状によるもので、それを主に⑱⑲に記載した。⑳はあくまでも「その他の精神・身体の障害」の状態を記載したまでで、主たる症状ではない。㉑欄の「著明な体幹失調あり、ADLも一部介助を要し、労働能力はほぼ喪失している。」、㉒欄の「現在のところ症状固定。今後再発あれば、悪化の可能性がある。」というのも、脳血管疾患について記載したものに相違ない。㉑欄に「眼球運動障害による複視」と記載したものの、それにより外出時に車椅子を使用する状態に至っている訳ではなく、

あくまでも体幹失調によるものである。
　蒲田次郎については、脳血管疾患により、平成25年1月24日の障害の状態にあることに相違ない。
　平成25年7月18日にA病院が作成した回答、及び同年9月7日にC病院が作成した回答は、上述の内容を補強するものと考える。

　患者が療養に安心して専念できるよう取り計らい頂きたい。

平成26年8月18日
　　　　　　　　　　病院の名称　　　　B病院
　　　　　　　　　　所在地
　　　　　　　　　　診療担当科名　　　リハビリテーション科
　　　　　　　　　　医師氏名　　　　　〇〇〇〇　　㊞

【再審査請求の趣旨および理由】（※理由については後で変更した）

（再審査請求の趣旨）

　脳血管疾患について、平成25年10月18日付で「相当因果関係のない傷病（指定難病疾患）が混在しており、当該請求傷病のみの障害の状態を認定することができないため」却下された。その後に行った審査請求も平成26年4月25日付で棄却された。次の理由から不服であり、再審査請求人（次「請求人」という。）に障害基礎厚生年金の支給を求め、再審査請求いたします。

（再審査請求の理由）

　㋒<u>審査請求の理由に次の通り付け加えます。</u>

　<u>初めて2級請求として基準障害を指定難病疾患としても、裁定請求時に提出した診断書で障害認定日請求が可能となるものである。請求人の立場に立ってご判断いただきたい。</u>

　最初に診断書を作成した医師は、請求人の障害の状態について、脳血管疾患が障害の原因となったと考えている。

　いくつかの病気を有する場合に、症状や体調を病気別に切り分けることは、現在の医学では不可能である。

　㋘<u>診断書の「①障害の原因となった傷病名」以外の欄に別の病名が記載されているから却下するというのは、一般国民の常識からはあまりにもむごい仕打ちである。</u>特に請求人は平成3年4月1日から1日も途切れることなく年金制度に加入し、真面目に保険料を払ったり免除手続きを行ったりして、年金制度を支えてきたことが一目瞭然である。

　指定難病疾患が障害の状態に影響を及ぼしていると一見してわかるなら、年金事務所の受付段階で初めて2級請求を勧めたと考えられるが、診断書はそのように作成されていないため、㋙<u>年金事務所の受付担当者も責められるべきではない。</u>

　今回請求した脳血管疾患、指摘された指定難病疾患、いずれも初診日は厚生年金加入中であり、指定難病疾患を基準傷病として初めて2級請求でも厚生年金での手続きは可能である。

　平成23年6月以後、労働能力を喪失しＡＤＬが悪化している請求人が、年金制度に加入していてよかったと実感できるような判断をお願い申し上げます。

　なお、本件の経緯について、現在も通院中のC病院の神経内科の㋕<u>主治医である〇〇〇〇〇医師に話したところ「障害年金の請求に協力する」と回答があり、近日中に請求人の状態と指定難病疾患との関連について意見書をいただく予定で</u>

す。書類を入手次第、提出いたしますので、ご高配賜りますよう合わせてお願い申し上げます。

以上

【解　説】

う：この理由は後で削除するよう求めたので、参考にしないでください。兄が障害認定日で請求したという主張を組み入れましたが、そもそも障害認定日となり得ませんでした。筆者の書類の読解能力の低さを露呈する内容ですが、審査請求の請求人とご家族の訴えをなんとか形にしたいと、当時は時間・資料のないなかで懸命に作成しました。

え：普段は「むごい」というような感情的な言葉を使用しないように筆者は留意しているのですが、このときは兄の落胆ぶりに心動かされ強い言葉遣いになりました。

お：筆者は年金事務所の受付担当者に過度な負担を強いるのは好まないので、「年金事務所の受付担当者も責められるべきではない」と記載しました。代理人は本人や家族と会って話すから状況を理解できるのです。障害年金の裁定請求の手続きは、事前に日本年金機構におうかがいを立てることはできず、出たとこ勝負なので、認定の困難な事案では照会を通して歩み寄っていく過程は必要だと考えます。

か：この段階では、方針も立っていなかったので、協力を確約してくださっている医師の氏名をあげました。

【再審査請求の趣旨および理由】(※最初に提出してから2か月弱で提出)

(再審査請求の趣旨)

　脳血管疾患について、平成25年10月18日付で「相当因果関係のない傷病(指定難病疾患)が混在しており、当該請求傷病のみの障害の状態を認定することができないため」却下された。その後に行った審査請求も平成26年5月30日付で棄却された。次の理由から不服であり、再審査請求人(次「請求人」という。)に障害基礎厚生年金の支給を求め、再審査請求いたします。

(再審査請求の理由)

　請求人の兄・診断書作成医の意見を聴取した結果、平成26年6月19日に受け付けられた再審査請求書に添付した理由は取り消します。審査請求の理由に次の理由を追加ください。

　現在の障害の状態は主として脳血管疾患によるもので、裁定請求時に提出した診断書により請求人の立場に立ってご判断いただきたい。

　裁定請求時の診断書を作成したB病院の副院長○○○○医師は、請求人の障害の状態について、脳血管疾患が障害の原因となったと考えている。今回、当該診断書を補足する文書を入手したので添付する(資料1)。

　いくつかの病気を有する場合に、症状や体調を病気別に切り分けることは、現在の医学では不可能である。

　平成25年9月7日にC病院が作成した回答の下から3行目からは「現在、指定難病疾患の後遺症である軽度認知機能低下・右顔面麻痺・視力低下・眼球運動障害と脳出血後遺症である左不全片麻痺が残っている」と記載されている。

　裁定請求時に提出した診断書における障害の状態は「指定難病疾患の後遺症である軽度認知機能低下・右顔面麻痺・視力低下・眼球運動障害」によりADLは低下しているが、それにより車椅子使用を余儀なくされるものではない。指定難病疾患が現在の障害の状態に及ぼす影響は脳血管疾患に比べて大きくない。

　今回請求した脳血管疾患、指摘された指定難病疾患、いずれも初診日は厚生年金加入中である。診断書の「①障害の原因となった傷病名」以外の欄に別の病名

が記載されているから却下するというのは、一般国民の常識からはあまりにもむごい仕打ちである。特に請求人は平成3年4月1日から1日も途切れることなく年金制度に加入し、真面目に保険料を払ったり免除手続きを行ったりして、年金制度を支えてきたことが一目瞭然である。

　　指定難病疾患が現在の障害の状態に影響を及ぼしていると一見してわかるなら、年金事務所の受付段階で**診断書に病名を加筆するよう勧める**か、初めて2級請求を勧めたと考えられるが、年金事務所の受付担当者は**医療の知識があるわけではなく、対応について責められるべきではない。**

　　平成23年6月以後、労働能力を喪失しADLが悪化している請求人が、年金制度に加入していてよかったと実感できるような判断をお願い申し上げます。

　　　　　　　　　　　　　　　　　　　　　　　　　　　　　　　　　　　以上

【解　説】

㋖：本当は参考文献等添付したかったのですが、専門書を10冊くらいあたっても良い資料がなく断念しました。文献を基に脳血管疾患と指定難病疾患の対比表を出そうとも考えたのですが、似かよっている症状が多く対比表にならないため、断念しました。

㋗：最初は変更を考えたのですが、いったん取り消すほうが社会保険審査委員が読みやすいかと考えました。最初の理由から変更した部分は太字にしています。

㋘：B病院のリハビリ科の主治医の意見書を入手していたので、自信を持って言い切りました。そのリハビリ科の医師は副院長でした。

㋙：請求人の兄が、主治医が力を入れて記入した内容と主治医がもう少し丁寧に書いたらよかったと考えられた箇所を聴取してくださったので、その部分を強調したり、補足したりしました。

【再審査請求の追加理由】（※2回目の提出から3週間弱で提出）

（再審査請求の追加理由）

　診断書作成医の意見を聴取し、請求人本人・請求人の母・請求人の兄と面談した結果、再審査請求の理由に次の内容を追加する。

1．現在の障害の状態は主として脳血管疾患によるもので、裁定請求時に提出した診断書により請求人の立場に立ってご判断いただきたい。

　　裁定請求時の診断書を作成したB病院の副院長○○○○医師（次「○○医師」という。）は、請求人の障害の状態について、脳血管疾患が障害の原因となったと考えている。今回、診断書を補足する文書を入手したので添付する（資料1）。

　　なお、再審査請求書の別紙で記載した内容について、次の通りご変更くださいますようお願い申し上げます。

	変更前	変更後
①既に発している傷病	脳血管疾患	脳梗塞 （指定難病疾患症状）
①の初診日	平成23年8月11日	平成21年5月19日
②基準傷病	指定難病疾患	脳血管疾患
②の初診日	平成23年12月22日	平成23年8月11日
理　由	○○医師から、平成21年5月18日頃に生じた症状が指定難病疾患によるものだった可能性があると聴取したため。	

2．労働不能、日常生活のすべてに介助が必要な状況である。

　本人に希望を持たせるため、身障者手帳や障害年金の診断書作成時に「できない」ことを強調していないが、本人・家族から聴取した内容は次の通り。

内　容	詳　細
全　般	・両親と同居し、母が介助する。母は就労していたが、平成25年5月に退職し、介助している。 ・日常生活は全介助であり、家事を含め完全に労働不能。家事は母が行う。 ・左側がずっとしびれている。意図せずに動くため、介助している母に思わぬけがを負わせることもある。

	・常に揺れている感覚があり、座位であっても前に屈むことができない（具合が悪くなる）。 ・1日おきに指定難病疾患の皮下注射を行い、そのたびに発熱し消耗する。発熱していると入浴できないため、入浴は週1回。 ・自宅内はすべて手すりをつけて時間をかけ何とか歩行しているが、立位を保持できず、腕を上げることも困難なため、家事を手伝うことはできない。 ・眼鏡を使用するが複視でうまく見えないため、右側のレンズにシールを貼って左眼だけを使用する。虫が常に飛んでいるように感じる。右眼は自分の意思で瞼を閉じることがまったくできない。 ・本を読めない。音をうまく聞き分けることができないため、大人数での会話は不可。テレビを2時間弱聞くような状況。 ・入眠に際して掛布ができない。睡眠中は母が定期的に見守りを行っている。
(1)適切な食事摂取	全介助。コーヒーにミルク・砂糖を入れて混ぜることもできない。握力・腕力がなく、器を思うように持てない。口の感覚も発病前と異なり、思うように噛んだりできない。
(2)身辺の清潔保持	瞼を閉じたり屈んだりできないため、自分で洗面できない。小さなタオルで顔を拭く。腕を自由に動かせず、衣類をかぶることができない。ズボンのウェストはゴムでないと着脱衣不能。
(3)金銭管理と買物	母が行う。外出は通院のみ。
(4)通院と服薬（要）	通院の必要性は理解しているので、母が同行して、通院する。内服薬は処方されていないが、1日おきに指定難病疾患の皮下注射を行う。それも母が準備する。
(5)他人との意思伝達及び対人関係	家族以外との交流はない。
(6)身辺の安全保持及び危機対応	家族がいないと自宅から外出できないため、危機対応は独力で不可能。
(7)社会性	母が行い、兄も手伝う。

以上

【解　　説】

❺：障害の状態について詳細に伝えるため、追加で提出しました。

❻：社会保険審査委員の理解の一助になればと考え作成しました。

❼：障害の状態は切り分けることができないと考え、特に2傷病に切り分けることなく、日常生活や労働の支障を伝えようと試みました。

まとめ

　B病院の主治医の意見書とともに、変更した再審査請求の理由を提出しました。そうしたところ、障害の状態・程度が最初に提出した書類ではうまく表現できていないことについて筆者自身が気になり始め、さらに追加で理由を提出しました。それから1か月弱で処分変更の連絡を受け、再審査請求を取り下げました。

　希望どおりに厚生年金保険で支給されることとなりましたが、危惧したとおり等級は2級で決定され納得できませんでした。

　処分変更の連絡があった段階で最初の裁定請求から1年を経過していたので、すぐに額改定請求を行うことも可能でしたが、静かに年末年始を迎えたいという請求人の母の希望で、次回診断書提出時に額改定請求も行うこととしました。

　本事案を振り返り、理由を変更した筆者の稚拙さを汲み取ってくださる関係者が厚労省年金局の中にいらしたありがたみをお伝えしたいのと同時に、筆者が日ごろから試行錯誤している様子をお知らせしたく思います。

　福祉のプロである請求人の兄が手続きしても最初はうまくいかず、兄は「障害年金は本当にわかりません。こんなに一所懸命取り組んだのに……」と、連発されていました。今回は、兄が介護施設職員で医療に明るく、弟のために医師と連携できていたことが成功の主因でした。兄が障害年金のしくみを理解しようと努め、代理人の考えを尊重し、医師とやりとりを重ね、主治医2人も積極的に力を貸してくれた結果です。

　代理人が裁定請求から取り組んだのであれば、長期に思考し準備もできるかもしれませんが、途中段階である不服申立てから依頼されると時間との戦いで、すでに提出されてしまっている書類とこれから提出する書類を整合させるにも限界があります。

　それでも、与えられた環境のなかで奮闘することも代理人にとっては必要だと考えています。

事例 3　医師との連携で処分変更となった不整脈の事例

事案の概要

1） 病名：不整脈原性右室心筋症（以下、ARVC）
2） 20歳前請求
3） 15歳時より重篤な症状が継続
4） 植込み型除細動器（以下、ICD）装着ができず、治療ができない状態
5） 文書作成において、医師と何度も検討して書類整備を行った
6） 保険者は、「心疾患による障害」（この場合、「心筋疾患」か、「難治性不整脈」か）で審査したのか、「その他の疾患による障害」で審査したのか不明

事案の経過

平成23年2月：母親が請求し、不支給決定
平成25年11月：社労士が年金請求を受託し、障害状態認定調書を請求
平成25年12月より医師および病院スタッフとの面談、意見交換を開始
平成26年7月：認定日請求を再請求
平成26年8月：不支給決定の通知
平成26年10月：審査請求（同月に心停止となり、請求書提出後に心停止についての医証を追加資料として提出）
平成27年3月：地方厚生局より決定変更の連絡があり、同月審査請求取下書を提出
　　　　　　　障害基礎年金2級の認定日請求が決定

事案の争点

争点１：障害等級は２級以上に該当しているか（等級認定）
争点２：医師の指示のもと、非常に管理された生活は「長期にわたる安静を必要とする病状」かつ「日常生活が著しい制限を受ける」程度とするのか（等級認定）

受診歴等の整理

① 幼少時より貧血や息切れは時折あったが、日常生活に不都合がなかったため、受診はしていない。
② 平成18年６月：高校入学時健診の心電図検査で異常を指摘されたため、受診。
③ 平成18年８月：症状が増悪したため近医を受診し、心エコー検査で異常が認められたため総合病院を受診。
　　　　　　　　機能障害が左室にも及び、半年に１回、入院治療を受けることとなる。
　　　　　　　　検査の結果、ＩＣＤの植え込み、カテーテルアブレーション治療ができないことが判明。
　　　　　　　　入院時および退院後、体重を約40kg、1,500kcal/日を厳守とする非常に管理された生活を医師から指示される。
④ 平成25年２月：ＢＮＰ値が200pg/ml超が常態となる（770pg/mlを超えることも）。

収集する資料等

　内疾患であるため、発病当時からの検査結果、特に心電図検査、心エコー検査、ＢＮＰ値検査、房室ブロックまたは右脚ブロックの検査結果により、客観的な心疾患の重症度を立証しなければなりません。また、ＩＣＤ等の装着、根治治療をしていない（できない）ことに根拠を持たせるために、医師資格のない社会保険労務士よりも医師に医学的な検査所見や治療経過のご意見を求める必要があります。医師からいただきたい所見の要点は、長期にわたる重篤な症状が継続していること、重篤な状態であるにもかかわらず自宅療養が可能であること、不整脈原性右室心筋症であれば通常なされる治療が行えないことが考えられます。
　本件裁定請求および審査請求に必要な立証事案の多くは、医学的に非常に高度であるものと考え、通常の手順である主治医への質問形式の医師意見書を求めず、不整脈

原性右室心筋症の特異な症状、請求人の症状の特異性、突然死の危険性を重点とし、医師と協働して意見書を作成する方法をとりました。

【審査請求時に添付した資料（病歴就労状況等申立書を除く）】
① 障害年金請求用の診断書
② 主治医の意見書（病院の都合により表題は「診断書」となっています）
③ 身体障害者手帳請求用診断書
④ 血液検査結果（ＢＮＰ値検査結果）
⑤ 心電図検査結果
⑥ 不整脈原性右室心筋症の症状、特に若年者の突然死の危険性についての研究論文「心臓突然死のリスク層別化」（東邦大学医学部内科学講座循環器内科学分野　池田隆徳氏）

● 診断書（平成23年2月） ※現行の様式にて表示しています。

様式第120号の6-(1)

診 断 書 （循環器疾患の障害用）

国民年金／厚生年金保険 （内）

| （フリガナ）氏名 | ○○○○ | 生年月日 | 昭和・(平成) ○年○月○日生 (23歳) | 性別 | 男・(女) |

住所：（住所地の郵便番号 □□□-□□□□） ○○都道(府)県 ○○郡(市)区 ○○町○-○-○

① 障害の原因となった傷病名：**不整脈原性右室心筋症**

② 傷病の発生年月日：昭和・(平成) 18年8月5日 （診療録で確認／本人の申立）

③ ①のため初めて医師の診療を受けた日：昭和・(平成) 18年8月14日 （診療録で確認／本人の申立）

④ 傷病の原因または誘因：**不詳**　初診年月日（昭和・(平成) 18年8月10日）

⑤ 既存障害：

⑥ 既往症：

⑦ 傷病が治った（症状が固定して治療の効果が期待できない状態を含む。）かどうか
- 傷病が治っている場合……治った日　平成　年　月　日　確認／推定
- 傷病が治っていない場合……症状のよくなる見込　有・(無)・不明

⑧ 診断書作成医療機関における初診時所見
初診年月日（昭和・(平成) 18年8月10日）
15歳時の検診で心電図異常を指摘され、胸部レントゲン写真にて心拡大、心エコーにて左室の圧排と両心室の壁運動低下、著明な右室拡大所見を認めた。

⑨ 現在までの治療の内容、期間、経過、その他参考となる事項
心臓カテーテル検査を初めとする諸検査から上記診断に至り、薬物治療を継続している。

診療回数：年間　2回　月平均　回
手術歴：手術名（　　　）　手術年月日（　年　月　日）

⑩ 計測（平成23年2月23日計測）
- 身長：147 cm
- 体重：42 kg
- 脈拍：64 回/分
- 血圧：最大 97 mmHg／最小 58 mmHg
- 降圧薬服用：(無)・有

障害の状態

⑪ 循環器疾患 （平成23年2月23日現症）

1 臨床所見

(1) 自覚症状
- 動悸：無・(有)・著
- 呼吸困難：無・(有)・著
- 息切れ：無・(有)・著
- 胸痛：(無)・有・著
- 咳：(無)・有・著
- 痰：(無)・有・著
- 失神：(無)・有

(2) 他覚所見
- チアノーゼ：(無)・有・著
- 浮腫：無・(有)・著
- 頸静脈怒張：(無)・有
- ばち状指：(無)・有
- 尿量減少：(無)・有
- 器質的雑音：無・(有)（Levine Ⅱ度）

3 心機能分類（NYHA）　（ Ⅰ・Ⅱ・Ⅲ・Ⅳ ）

4 検査所見

(1) 心電図所見（心電図所見のあるものは、必ず心電図（コピー）を添付してください。）
① 安静時心電図　（平成23年2月23日）
- 心室性期外収縮：無・(有)
- 心房細動・粗動：(無)・有
- 完全左脚ブロック：(無)・有
- 陳旧性心筋梗塞：(無)・有
- 完全房室ブロック：(無)・有
- MobitzⅡ型房室ブロック：(無)・有
- 0.2mV以上のST低下：(無)・有
- 深い陰性T波：無・(有)（0.3 mV）
- その他（　　　）

② 負荷心電図　（平成　年　月　日）
- 陰性・疑陽性・陽性：　　　METs

③ ホルター心電図　（無・有）
（所見　　　）

(2) 胸部X線所見　（平成23年2月23日）
- 心胸郭係数：59 %
- 肺静脈うっ血：(無)・有・著

(3) 動脈血ガス分析値
- 動脈血 O₂ 分圧：　　　Torr
- 動脈血 CO₂ 分圧：　　　Torr

2 一般状態区分表 （平成23年2月23日）
（該当するものを選んでどれか一つを○で囲んでください。）

ア　無症状で社会活動ができ、制限を受けることなく、発病前と同等にふるまえるもの
イ　軽度の症状があり、肉体労働は制限を受けるが、歩行、軽労働や座業はできるもの　例えば、軽い家事、事務など
(ウ)　歩行や身のまわりのことはできるが、時に少し介助が必要なこともあり、軽労働はできないが、日中の50%以上は起居しているもの
エ　身のまわりのある程度のことはできるが、しばしば介助が必要で、日中の50%以上は就床しており、自力では屋外への外出等がほぼ不可能となったもの
オ　身のまわりのこともできず、常に介助を必要とし、終日就床を強いられ、活動の範囲がおおむねベッド周辺に限られるもの

(4) 心カテーテル検査　（平成　年　月　日）
- 左室駆出率 EF　　　%
- 冠動脈れん縮誘発試験　（無・有）　（陰性・陽性）
- 左主幹部に50%以上の狭窄　（無・有）
- 3本の主要冠動脈に75%以上の狭窄　（無・有）
- 所見

(5) 心エコー検査　（平成22年8月25日）
- 左室拡張期径：39 mm　左室収縮期径：　　mm
- 左室駆出率 EF：40 %
- 所見（左室肥大、弁膜症、拡張能の制限、推定肺動脈圧等）
　右室径　45mm
　中等度三尖弁閉鎖不全
　右心系の著明な拡大および壁運動低下

(6) 血液検査　（平成22年8月25日）
- BNP値（脳性ナトリウム利尿ペプチド）：55.9 pg/mL
- NT-proBNP値（脳性ナトリウム利尿ペプチド前駆体N端フラグメント）：　　pg/mL

5 その他の所見　（平成　年　月　日）

本人の障害の程度および状態に無関係な欄には記入する必要はありません。（無関係な欄は、斜線により抹消してください。）

（お願い）臨床所見等は、診療録に基づいてわかる範囲で記入してください

（お願い）太文字の欄は、記入漏れがないように記入してください

事例3　医師との連携で処分変更となった不整脈の事例

障害の状態

⑫ 疾患別所見　（平成 23 年 2 月 23 日現症）　（該当する疾患について記入してください。）

1　心筋疾患
- (1) 肥大型心筋症　　　無・有
- (2) 拡張型心筋症　　　無・有
- (3) その他の心筋症　　無・有
- (4) 所見（　　　）

2　虚血性心疾患
- (1) 心不全症状　　　　無・軽労作で有・安静時有
- (2) 狭心症状　　　　　無・軽労作で有・安静時有
- (3) 梗塞後狭心症状　　無・軽労作で有・安静時有
- (4) 心室性期外収縮　　無・有　（Lown　　　度）
- (5) インターベンション　無・有　初回：（平成　年　月　日）、計　回、手技（　　　　　　　）
- (6) ＡＣバイパス術　　無・有　初回：（平成　年　月　日）
- (7) 再狭窄　　　　　　無・有　　　（平成　年　月　日）
- (8) その他の手術　　　無・有　（手術名　　　　　　　　　　　　　）（平成　年　月　日）
- (9) その他（　　）

3　不整脈
- (1) 難治性不整脈　　　無・有　（　　　　　　　　　　　　　　　　　　）（平成　年　月　日）
- (2) ペースメーカー治療　無・有　**平成　年　月　日**
- (3) 植込み型除細動器（ICD）　無・有　**平成　年　月　日**
- (4) その他（不整脈原性右室心筋症に伴う心室性期外収縮（これまでに難治性不整脈の既往はないが、原疾患より潜在的な存在が強く疑われる）　　　　　　）

4　大動脈疾患
- (1) 胸部大動脈解離　　無・有　Stanford 分類（A型・B型）（平成　年　月　日）
- (2) 大動脈瘤　　　　　無・有　（部位：胸部・胸腹部・腹部）（最大血管短径　　cm）（平成　年　月　日）
- (3) 人工血管　　　　　無・有　（部位：胸部・胸腹部・腹部）　**平成　年　月　日**
- (4) ステントグラフト　無・有　（部位：胸部・胸腹部・腹部）　**平成　年　月　日**
- (5) その他の手術　　　無・有　（手術名　　　　　　　　　　　　　）（平成　年　月　日）
- (6) その他

注：高血圧症がある場合は、「7　高血圧症」にも記載してください。

5　先天性心疾患・弁疾患
- (1) 先天性心疾患の場合
  - 症状の出現時期（昭和・平成　年　月　日）
  - 小・中学生時代の体育の授業　普通にできた　参観していた
- (2) 弁疾患の場合
  - 原因疾患
  - 発病時期　　（昭和・平成　年　月　日）
- (3) Eisenmenger症候群　無・有
- (4) 肺体血流比　＿＿＿＿＿
- (5) 肺動脈収縮期圧　＿＿＿＿＿ mmHg
- (6) 人工弁置換術　無・有　（手術名　　　　　　　）**平成　年　月　日**
- (7) その他の手術　無・有　（手術名　　　　　　　）（平成　年　月　日）
- (8) その他（　　　　　　　　　　　　　　　　　　　）

6　重症心不全
- (1) 心臓移植　　　　　　　　　　　　　　無・有　**平成　年　月　日**
- (2) 人工心臓　　　　　　　　　　　　　　無・有　**平成　年　月　日**
- (3) 心臓再同期医療機器（CRT）　　　　　　無・有　**平成　年　月　日**
- (4) 除細動器機能付き心臓再同期医療機器（CRT-D）　無・有　**平成　年　月　日**

7　高血圧症
- (1) 本態性高血圧症・二次性高血圧症（病名：　　　　　　　）
- (2) 検査成績

血圧測定年月日	最大血圧	最小血圧	降圧薬服用
・・			無・有（　種）
・・			無・有（　種）
・・			無・有（　種）

尿蛋白の有無（　－　・　±　・　＋　・　＋＋　）

- (4) 眼底検査所見　（平成　年　月　日）
  - KW・Scheie・その他（　　　）：
- (5) その他の合併症（大動脈解離、大動脈瘤、末梢動脈閉塞など）
  - 無・有（病名：　　　　　　　　　　　　）
- (6) 血清クレアチニン濃度　　　　　mg/dℓ

- (3) 一過性脳虚血発作の既往　無・有：1年以内・1年以上前（　年　月頃）

8　その他の循環器疾患
- (1) 手術　無・有　（手術名　　　　　　　　　　　　　）（平成　年　月　日）
- (2) その他

⑬ 現症時の日常生活活動能力および労働能力（必ず記入してください。）	病質上、肉体的・精神的ストレスは不整脈を招来しやすい。本例では左心機能も中等度低下しておりきわめて穏和な日常生活を送る必要があり、就労は困難と判断する。
⑭ 予後（必ず記入してください。）	現在薬物療法を行っているが致死性不整脈による突然死予防には限界がある。突然死・心不全悪化の可能性あり。
⑮ 備考	

上記のとおり、診断します。　　平成 26 年 4 月 16 日

病院または診療所の名称　　○○病院　　　　　　　　　診療担当科名

所在地　　○○県○○市○○町○－○－○　　　　　　医師氏名　　○○○○　　　　㊞

●診断書（平成26年6月） ※現行の様式にて表示しています。

様式第120号の6-(1)

（内）　国民年金／厚生年金保険　　**診　断　書**　（循環器疾患の障害用）

| （フリガナ）氏名 | ○○○○ | 生年月日 | 昭和・㊒ ○年○月○日生（23歳）| 性別 | 男・㊛ |

住所：〒○○○-○○○○　○○都道府県　○○郡・㊑・区　○○町○-○-○

| ① 障害の原因となった傷病名 | 不整脈原性右室心筋症 | ② 傷病の発生年月日 | 昭和・㊒ 18年8月5日 |
| | | ③ ①のための初めて医師の診療を受けた日 | 昭和・㊒ 18年8月14日 |

④ 傷病の原因または誘因：不詳　初診年月日（昭和・㊒ 18年8月10日）
⑤ 既存障害：
⑥ 既往症：

⑦ 傷病が治った（症状が固定して治療の効果が期待できない状態を含む。）かどうか
- 傷病が治っている場合 …… 治った日　平成　年　月　日　確認・推定
- 傷病が治っていない場合 …… 症状のよくなる見込　有・㊇・不明

⑧ 診断書作成医療機関における初診時所見
初診年月日（昭和・平成 18年8月10日）

15歳時の検診で心電図異常を指摘され、胸部レントゲン写真にて心拡大、心エコーにて左室の圧排と両心室の壁運動低下、著明な右室拡大所見を認めた。

⑨ 現在までの治療の内容、期間、経過、その他参考となる事項

心臓カテーテル検査を初めとする諸検査から上記診断に至り、薬物治療を継続している。平成25年2月には心不全増悪のため入院加療を行った。

診療回数：年間　2回、月平均　回
手術歴：手術名（　　）手術年月日（　年　月　日）

⑩ 計測（平成26年6月4日計測）
- 身長 148 cm
- 体重 42 kg
- 脈拍 60 回/分
- 血圧 最大 92 mmHg　最小 49 mmHg　降圧薬服用 ㊇・有

障害の状態

⑪ 循環器疾患（平成26年6月4日現症）

1 臨床所見
(1) 自覚症状
- 動悸（無・㊒・著）
- 呼吸困難（無・㊒・著）
- 息切れ（無・㊒・著）
- 胸痛（㊇・有・著）
- 咳（㊇・有・著）
- 痰（㊇・有・著）
- 失神（㊇・有）

(2) 他覚所見
- チアノーゼ（㊇・有・著）
- 浮腫（無・㊒・著）
- 頸静脈怒張（㊇・有）
- ばち状指（㊇・有）
- 尿量減少（㊇・有）
- 器質的雑音（無・㊒）（Levine　Ⅱ度）

3 心機能分類（NYHA）　（Ⅰ・Ⅱ・Ⅲ・Ⅳ）

4 検査所見
(1) 心電図所見
（心電図所見のあるものは、必ず心電図（コピー）を添付してください。）
① 安静時心電図（平成26年6月4日）
- 心室性期外収縮（無・㊒）　完全房室ブロック（㊇・有）
- 心房細動・粗動（㊇・有）　MobitzⅡ型房室ブロック（㊇・有）
- 完全左脚ブロック（㊇・有）　0.2mV以上のST低下（㊇・有）
- 陳旧性心筋梗塞（㊇・有）　深い陰性T波（無・㊒ 0.3mV）
- その他（　　）
② 負荷心電図（㊇・有）（平成　年　月　日）
（陰性・疑陽性・陽性）　　METs
③ ホルター心電図（無・有）（平成　年　月　日）

(2) 胸部X線所見（平成26年6月4日）
- 心胸郭係数（　%）
- 肺静脈うっ血（㊇・有・著）

(3) 動脈血ガス分析値（平成　年　月　日）
- 動脈血O₂分圧　Torr
- 動脈血CO₂分圧　Torr

2 一般状態区分表（平成26年6月4日）
（該当するものを選んでどれか一つを○で囲んでください。）
ア 無症状で社会活動ができ、制限を受けることなく、発病前と同等にふるまえるもの
イ 軽度の症状があり、肉体労働は制限を受けるが、歩行、軽労働や座業はできるもの　例えば、軽い家事、事務など
㊡ 歩行や身のまわりのことはできるが、時に少し介助が必要なこともあり、軽労働はできないが、日中の50％以上は起居しているもの
エ 身のまわりのある程度のことはできるが、しばしば介助が必要で、日中の50％以上は就床しており、自力では屋外への外出等がほぼ不可能となったもの
オ 身のまわりのこともできず、常に介助を必要とし、終日就床を強いられ、活動の範囲がおおむねベッド周辺に限られるもの

(4) 心カテーテル検査（平成　年　月　日）
- 左室駆出率　EF　％
- 冠動脈れん縮誘発試験（無・有）（陰性・陽性）
- 左主幹部に50％以上の狭窄（無・有）
- 3本の主要冠動脈に75％以上の狭窄（無・有）
- 所見

(5) 心エコー検査（平成26年6月4日）
- 左室拡張期径 42 mm　左室収縮期径 36 mm
- 左室駆出率　EF　40 ％
- 所見（左室肥大、弁膜症、拡張能の制限、推定肺動脈圧等）
右室径 54mm
中等度三尖弁閉鎖不全
右心系の著明な拡大および壁運動低下

(6) 血液検査（平成26年6月4日）
- BNP値（脳性ナトリウム利尿ペプチド）149.4 pg/mL
- NT-proBNP値（脳性ナトリウム利尿ペプチド前駆体N端フラグメント）pg/mL

5 その他の所見（平成　年　月　日）

本人の障害の程度および状態に無関係な欄には記入する必要はありません。（無関係な欄は、斜線により抹消してください。）

（お願い）臨床所見等は、診療録に基づいてわかる範囲で記入してください。
（お願い）太文字の欄は、記入漏れがないように記入してください。

障害の状態

⑫ 疾患別所見　（平成 26 年 6 月 4 日現症）　（該当する疾患について記入してください。）

1　心筋疾患
(1) 肥大型心筋症　　　　　無・有
(2) 拡張型心筋症　　　　　無・有
(3) その他の心筋症　　　　無・有
(4) 所見（　　）

2　虚血性心疾患
(1) 心不全症状　　　　　　無・軽労作で有・安静時有
(2) 狭心症状　　　　　　　無・軽労作で有・安静時有
(3) 梗塞後狭心症状　　　　無・軽労作で有・安静時有
(4) 心室性期外収縮　　　　無・有　（Lown　　　度）
(5) インターベンション　　無・有　初回：（平成　年　月　日）、計　回、手技（　　　　　　　　）
(6) ＡＣバイパス術　　　　無・有　初回：（平成　年　月　日）
(7) 再　狭　窄　　　　　　無・有　（平成　年　月　日）
(8) その他の手術　　　　　無・有　（手術名　　　　　　　　　）（平成　年　月　日）
(9) その他（　　）

3　不整脈
(1) 難治性不整脈　　　　　無・有　（　　　　　　　　　　　　　　　　　）（平成　年　月　日）
(2) ペースメーカー治療　　無・有　（**平成　年　月　日**）
(3) 植込み型除細動器（ICD）無・有　（**平成　年　月　日**）
(4) その他（不整脈原性右室心筋症に伴う心室性期外収縮（これまでに難治性不整脈の既往はないが、原疾患より潜在的な存在が強く疑われる）

4　大動脈疾患
(1) 胸部大動脈解離　　　　無・有　Stanford分類（A型・B型）（平成　年　月　日）
(2) 大動脈瘤　　　　　　　無・有　（部位：胸部・胸腹部・腹部）（最大血管短径　cm）（平成　年　月　日）
(3) 人工血管　　　　　　　無・有　（部位：胸部・胸腹部・腹部）（**平成　年　月　日**）
(4) ステントグラフト　　　無・有　（部位：胸部・胸腹部・腹部）（**平成　年　月　日**）
(5) その他の手術　　　　　無・有　（手術名　　　　　　　　　）（平成　年　月　日）
(6) その他（　　）

注：高血圧症がある場合は、「7　高血圧症」にも記載してください。

5　先天性心疾患・弁疾患
(1) 先天性心疾患の場合　　　　　　　　　　　　　　　(4) 肺体血流比　_____
　　症状の出現時期　（昭和・平成　年　月　日）　(5) 肺動脈収縮期圧　_____ mmHg
　　小・中学生時代の体育の授業　普通にできた　参観していた　(6) 人工弁置換術　無・有
(2) 弁疾患の場合　　　　　　　　　　　　　　　　　　　（手術名　　　　　）（**平成　年　月　日**）
　　原因疾患　　　　　　　　　　　　　　　　　　　　(7) その他の手術　無・有
　　発病時期　（昭和・平成　年　月　日）　　　　　　　（手術名　　　　　）（平成　年　月　日）
(3) Eisenmenger症候群　無・有　　　　　　　　　　　 (8) その他（　　　　　　　　　　　　　　）

6　重症心不全
(1) 心臓移植　　　　　　　　　　　　　　　　無・有　（**平成　年　月　日**）
(2) 人工心臓　　　　　　　　　　　　　　　　無・有　（**平成　年　月　日**）
(3) 心臓再同期医療機器（CRT）　　　　　　　　無・有　（**平成　年　月　日**）
(4) 除細動器機能付き心臓再同期医療機器（CRT-D）無・有　（**平成　年　月　日**）

7　高血圧症
(1) 本態性高血圧症・二次性高血圧症（病名：　　　　　　）　(4) 眼底検査所見　（平成　年　月　日）
(2) 検査成績　　　　　　　　　　　　　　　　　　　　　　　　KW・Scheie・その他（　　法）：_____

血圧測定年月日	最大血圧	最小血圧	降圧薬服用
・・			無・有（　種）
・・			無・有（　種）
・・			無・有（　種）

(5) その他の合併症（大動脈解離、大動脈瘤、末梢動脈閉塞など）
　　無・有（病名：　　　　　　　　　　　　　　　　　　　）
(6) 血清クレアチニン濃度　　　mg/dℓ

尿蛋白の有無（－・±・＋・＋＋）
(3) 一過性脳虚血発作の既往　　無・有：1年以内・1年以上前（　年　月頃）

8　その他の循環器疾患
(1) 手術　　　無・有　（手術名　　　　　　　　　　　　　　　　　　　　　）（平成　年　月　日）
(2) その他（　　）

⑬ 現症時の日常生活活動能力および労働能力 （必ず記入してください。）	病質上、肉体的・精神的ストレスは不整脈を招来しやすい。本例では左心機能も中等度低下しておりきわめて穏和な日常生活を送る必要があり、就労は困難と判断する。
⑭ 予後 （必ず記入してください。）	現在薬物療法を行っているが致死性不整脈による突然死予防には限界がある。突然死・心不全悪化の可能性あり。
⑮ 備考	

上記のとおり、診断します。　　　平成 26 年 6 月 4 日

病院または診療所の名称　〇〇病院　　　　　　　　　診療担当科名
所　在　地　〇〇県〇〇市〇〇町〇－〇－〇　　　　医師氏名　〇〇〇〇　　㊞

● 診断書（主治医の意見書）

診　断　書

住所　　　　○○県○○市○○町○-○-○
氏名　　　　○○○○
生年月日　　平成○年○月○日　生
病名　　　　不整脈原性右室心筋症

○○○○さんの平成23年○月○日現在の症状についてカルテ記載に基づき診断書を作成したところであるが、それについて補足意見を記載する。

①不整脈原性右室心筋症（ARVC）の進行の程度について
　本例では初診時において、著明な心拡大（心胸郭比63％）および心電図異常（右軸偏位および右脚ブロック）を認め、心エコー検査にて著明な右心室の拡大および壁運動の高度低下を認め、これらの所見はすでにARVCの診断基準を満たす程度であり、さらに左室収縮能も中〜高度の障害（駆出率35-40％）を合併しており、左室にまで障害が及び、すでに心筋障害が広範囲に及んだARVCであると診断した。その後、遺伝子検査により本疾患の原因の一つとされるデスモゾーム構成蛋白をコードする遺伝子変異が3箇所同定されている。初診時から5年経過した平成23年時では胸部レントゲン写真では心胸郭比は60％、心エコーでは左室収縮性は駆出率45％と薬物療法の導入により進行性低下の進展はなんとかくい止められている。一般的にARVCの心電図は右側胸部誘導におけるε波とよばれる所見であるが、本例では広範な右心室の障害により右脚ブロックを呈していたが、通常の右脚ブロックとは異なり、右側胸部誘導のQRS波の後半部分には非常に低振幅な棘波を認め、この所見が巨大なε波に相当すると思われる。またARVCでは、持続性心室頻拍や心室細動などの致死性不整脈による心臓性突然死をきたしやすいことが知られている。本例においても、多源性に心室性期外収縮が頻発していた。そのため、初診入院時に心臓電気生理学的検査による誘発試験を施行したが、持続性心室頻拍や心室細動は誘発されなかった。一般的には、突然死を未然に防ぐために植込み型除細動器（ICD）の適応であるが、本例は当時まだ成人しておらず、多感な時期であり身体的・精神的に負担の大きいICD治療による一次予防は見送り、薬物治療にて経過観察を行うこととなり現在に至っている。右室筋の障害が主となるARVCは右心不全であり、浮腫などの症状が主体であるが、加えて左室機能障害も合併しているため、息切れ症状など左心不全症状も認め、いわゆる両心不全の状態である。また致死性不整脈の発生予防のために極めて厳格な活動制限と穏当な生活を要する。平成23年時の心不全機能分類はNYHA　Ⅲ度相当である。

上記のように診断します。

　　医療機関
　　の所在地　　○○県○○市○○町○-○-○
　　及び名称　　○○病院

　　氏名　　　　○○○○

● 診断書（主治医の意見書）

様式第3

身体障害者診断書・意見書(心臓機能障害用)

総括表

| 氏 名 | ○○○○ | | 明治 大正 昭和 ㊥平成 | ○ 年 ○ 月 ○ 日生 | 男 ㊥女 |

| 住 所 | ○○県○○市○○町○-○-○ |

① 障害名（部位を明記）　　　心臓

② 原因となった疾病・外傷名　　不整脈原性右室心筋症　　　交通、労災、その他の事故、戦傷、戦災　疾病、先天性、その他（　　）

③ 疾病・外傷発生年月日　　昭和 ㊥平成 18 年 8 月 5 日 ・場所

④ 参考となる経過・現症（レントゲン及び検査所見を含む。）
15歳時検診で心電図異常を指摘され、胸部レントゲンにて心拡大、心エコーにて右室の著明な拡大と左室の圧排、両心室の壁運動低下を認めた。現在浮腫や労働時息切れなどの所見あり。
障害固定又は障害確定（推定）　昭和 ㊥平成 18 年 8 月 14 日

⑤ 総合所見

上記心筋症による重症心不全であり、根治困難であり、恒久的な治療が必要である。

〔 将来再認定　要 ・ ㊥不要 〕
〔 再認定の時期　　年　　月 〕

⑥ その他参考となる合併症状

上記のとおり診断する。併せて以下の意見を付す。
平成23年 10 月 7 日
　　　　病院又は診療所の名称　○○病院
　　　　所　　在　　地　○○県○○市○○町○-○-○
　　　　診療担当科名　　　　科　医師氏名　○○○○　　㊞

身体障害者福祉法第15条第3項の意見［障害程度等級についても参考意見を記入］
障害の程度は、身体障害者福祉法別表に掲げる障害に

・㊥該当する　　（　　1　　級相当）
・該当しない

注　意
1　障害名には現在起こっている障害、心臓機能障害を記入し、原因となった疾病には、狭心症、僧帽弁狭窄症、心室中隔欠損症等原因となった疾患名を記入してください。
2　障害区分や等級決定のため、地方社会福祉審議会から改めて次頁以降の部分について、お問い合わせする場合があります。

心臓の機能障害の状況及び所見（18歳以上用）

（該当するものを○で囲むこと。）

1．臨床所見
　ア　動　　　悸（有・㊰）　　　キ　浮　腫　（㊲・無）
　イ　息　切　れ（㊲・無）　　　ク　心拍数　64
　ウ　呼吸困難（有・㊰）　　　ケ　脈拍数　64
　エ　胸　　　痛（有・㊰）　　　コ　血圧（最大 97 最小 58 ）
　オ　血　　　痰（有・㊰）　　　サ　心音　Ⅲ音Ⓣ
　カ　チアノーゼ（有・㊰）　　　シ　その他の臨床所見
　ス　重い不整脈発作のある場合、その発作時の臨床症状、頻度、持続時間等

2．胸部エックス線所見（平成 23 年 2 月 23 日）

60%
心胸比

3．心電図所見（平成 23 年 8 月 24 日）
　□自己調律
　□ペースメーカ調律
　ア　陳旧性心筋梗塞　　　　　　　　　　　　　　　（有・㊰）
　イ　心室負荷像　　　　　　　　　　　　（㊲<㊨、左室、両室> ・無 ）
　ウ　心房負荷像　　　　　　　　　　　　（有<右房、左房、両房> ・㊰）
　エ　脚ブロック　　　　　　　　　　　　　　　　　（有・㊰）
　オ　完全房室ブロック　　　　　　　　　　　　　　（有・㊰）
　カ　不完全房室ブロック　　　　　　　　　　　　　（有第　度・㊰）
　キ　心房細動（粗動）　　　　　　　　　　　　　　（有・㊰）
　ク　期外収縮　　　　　　　　　　　　　　　　　　（㊲・無）
　ケ　ＳＴの低下　　　　　　　　　　　　　　　　　（有　　mV・㊰）
　コ　第Ⅰ誘導、第Ⅱ誘導及び胸部誘導（但し
　　　V₁を除く。）のいずれかのＴの逆転　　　　　　（㊲・無）
　サ　運動負荷心電図におけるＳＴの0.1mV以上の低下　（有・無）未施行
　シ　その他の心電図所見
　ス　不整脈発作のある者では発作中の心電図所見（発作年月日記載）

4．活動能力の程度
　ア　家庭内での普通の日常生活活動若しくは社会での極めて温和な日常生活活動については支障がなく、それ以上の活動でも著しく制限されることがないもの又はこれらの活動では心不全症状若しくは狭心症症状がおこらないもの。
　イ　家庭内での普通の日常生活活動若しくは社会での極めて温和な日常生活活動には支障がないが、それ以上の活動は著しく制限されるもの、又は頻回に頻脈発作を繰返し、日常生活若しくは社会生活に妨げとなるもの。
　ウ　家庭内での普通の日常生活活動又は社会での極めて温和な日常生活活動には支障がないが、それ以上の活動では心不全症状又は狭心症症状がおこるもの。
　エ　家庭内での極めて温和な日常生活活動には支障がないが、それ以上の活動では心不全症状若しくは狭心症症状がおこるもの、又は頻回に頻脈発作を起こし、救急医療を繰返し必要としているもの。
　㋪　安静時若しくは自己身辺の日常生活活動でも心不全症状若しくは狭心症症状がおこるもの又は繰返してアダムスストークス発作がおこるもの。

5．ペースメーカ（有・㊰）実施日：平成　　年　　月　　日
　　人工弁移植、弁置換（有・㊰）実施日：平成　　年　　月　　日

6．ペースメーカの適応度（クラスⅠ・クラスⅡ以下）

7．身体活動能力（運動強度）
　ア　2メッツ未満　　　　　　（例　ベッド等で安静が必要な状態）
　イ　2メッツ以上4メッツ未満　（例　平地歩行ができる状態）
　ウ　4メッツ以上　　　　　　（例　早歩きや坂道歩きができる状態）

● BNP値検査結果

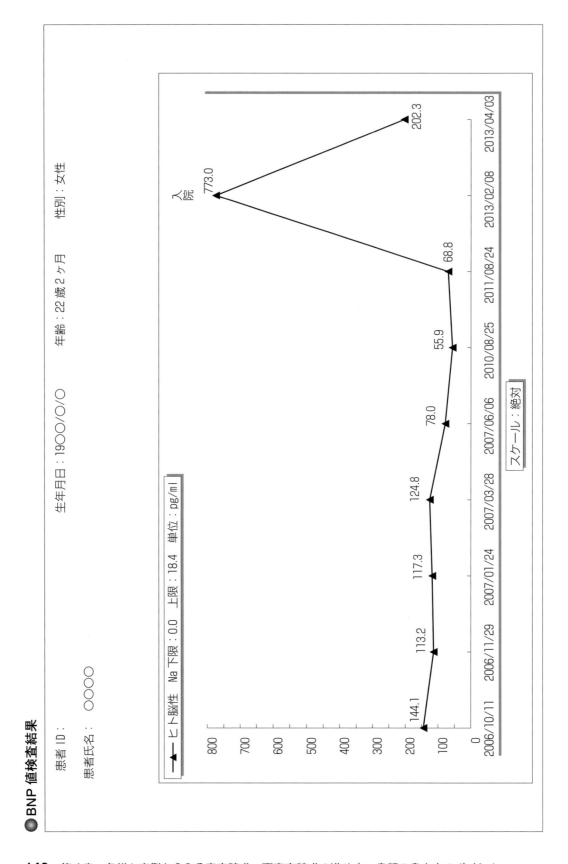

146 第4章 多様な事例からみる審査請求・再審査請求の進め方、書類の書き方のポイント

心電図検査結果

No.　　　　安静時-心電図　2011年2月23日 13:41:48 ID:　　　　20歳　女

科　=循環器　

心拍数＝　57/分
R-R＝1.048秒
P-R＝0.189秒
QRS＝0.139秒
QT＝0.511秒
QTc＝0.490/0.503
軸＝　121度
SV1＝0.21mV
RV5＝1.66mV
R+S＝1.87mV
Check:P-R?

999-0　自動解析の所見です
848-8　心室二段脈
501-2　不完全右脚ブロック
732-6　側壁梗塞の疑い:I
141-6　QT延長
204-4　高度な右軸偏位
621-4　陰性T:V4

【異常の心電図】　負荷-不可

[OR] 生理検査室

8-1-8
7-3
1-1-1:L
5-2-1:A
5-4-1:L
9-4-1

医師名:
医師名:
技師名:

コメント:

生年月日＝H.〇年〇月〇日
解析心拍:8　フィルタ:ドリフト

25.0mm/sec

I　II　III　aVR　aVL　aVF　V1　V2　V3　V4　V5　V6

審査請求の組み立て

以下の構成で作成しました。
（趣　旨）
　国年令別表に則して、認定日、現症ともに請求人の実態に即した認定をしてほしい。
（理　由）
　① 認定基準の要領例示の要件を満たしている。
　② 本請求に係る疾患は特異であり、請求疾患であるARVCの病質をふまえて審査されるべきである。
（根　拠）
　① 認定基準の要領例示の要件を満たしている。
　②-1 不整脈原性右室心筋症は特異な不整脈であるため、その特異性をふまえた審査が必要であり、その特異性から請求者の日常生活活動が可能か判断してほしい。
　②-2 突然死の危険性が非常に高く、それが常態化していること ＝ 日常生活に著しい制限にあたる。
（医師の意見）
- 不整脈原性右室心筋症は特殊な不整脈の疾患である。
- 請求人の不整脈原性右室心筋症は心筋障害が広範囲に及ぶ、さらに特殊な症状である。
- ＩＣＤ装着やカテーテルアブレーション治療を試みるも請求人の症状では困難。
- 症状が増悪しており、両心室不全に至っている。
- 突然死の危険性は認定日当時から継続している。

（結　論）
- 請求時の添付書類から2級は明らか。
- 客観的な事実（特に突然死の危険度）から、日常生活が著しく制限されていることは明らか。
- よって認定日で障害等級2級を認めてほしい。

主治医の意見

　本件は筆者が受託する前に本人請求で不支給となった事案です。そのため、代理人による裁定請求時には審査請求に至ることを前提として書類整備を行っています。裁定請求の段階で年金機構所定の診断書だけでは記載内容が不十分と考え、主治医に意見書を作成していただきました（病院の規定により、作成された書類の名称は「診断書」となっています）。主治医とは計7回（7回目は確認のみ）のやり取りを行って

意見書を完成させました。

当然、主治医に依頼する前に、請求者の母親からそれまでの血液検査、入院歴、治療歴、日常生活の状況を聞き取り、文献等で疾患についてできる限り調査しています。

主治医は大病院の医師ということで非常に多忙でした。そのため、心電図や心エコーの検査結果の評価や文書作成、それも障害年金にかかる文書の作成をする時間の余裕がありませんでした。そして、質問事項が多いこと、請求人の疾患が特異なために質問もれを防ぐこと、筆者が請求人の疾患について詳細に理解する必要があったことから、保険者に提出する文書の形になるまで分割して作成することとしました。

2回目までは、主治医の所見をそのまま項目どおりに記入していただきました。
1回目は、下記のように依頼しました。
- 請求傷病が難病であるため、診断書の添付資料とする不整脈原性右室心筋症が「難治性」であることの医学的見地
- 病気の特徴や生命の危険性
- ＢＮＰ値およびＥＦ値の数値の推移を示す表の開示

2回目の依頼の際には、以下の要望を加えました（医師の意見書に「①」の記載があるのは、下記の①〜⑤の項目の名残です）。
① 請求人の不整脈原生右室心筋症の傷病の程度について
② 非運動時および安静時の死亡の可能性について
③ 心電図検査の評価について（脚ブロック、心房ブロック等について）
④ カテーテルアブレーション術について（術前、術後の状態について）
⑤ 心不全の機能分類について（ＮＹＨＡについて）

2回目までで筆者もある程度請求人の疾患の特異性が理解でき、3〜5回目で認定基準にそった事項を別途文章にしていただきました。
3回目は、意見書をまとめるため、かつ認定基準に則した事項を医学的な文言で作成していただくために、以下の項目について文章作成を依頼しました。
- 不整脈原性右室心筋症の診断に至った所見
- 認定日当時の症状、治療経過
- 現在の症状、治療経過

4回目は、カテーテルアブレーションの手術やＩＣＤ治療ができなかったことの理由の記載を付加していただくように依頼しました。
5回目は、下記の事項について付加していただくように依頼しました。
- 救急搬送に至った原因

- 現在の症状
- 突然死の危険性
- 予後について

　6回目は、1～2回目、3～5回目の各回で作成された文書の重複する箇所を削除する等の作業をし、一つの文章としてまとめるための要旨を提案し、意見書をまとめました。

　6回目の依頼は、前回までで作成された文章が膨大かつ専門的になり過ぎた感があったために、出来上がった文章を以下の項目にまとめていただきました。
- 不整脈原生右室心筋症の進行の程度について
- 不整脈原性右室心筋症の病態の進行（突然死の危険性）について
- 心電図検査の評価について
- カテーテルアブレーション術について
- 心不全の機能分類について

　7回目は、最終的に「診断書」の記載内容に相違がないか確認していただきました。

審査請求書および審査請求の理由

審 査 請 求 書

平成26年10月7日

中国四国厚生局社会保険審査官　殿

　　　　　　　　　　　請求人　住　所　〇〇県〇〇市〇〇町〇-〇-〇
　　　　　　　　　　　　　　　氏　名　〇〇〇〇　　　　　　　㊞
　　　　　　　　　　　　　　　電　話　〇〇〇-〇〇〇-〇〇〇〇
　　　　　　　　　　　代理人　住　所　〇〇県〇〇市〇〇町〇-〇-〇
　　　　　　　　　　　　　　　氏　名　河村　泰英　　　　　　　㊞
　　　　　　　　　　　　　　　電　話　〇〇〇-〇〇〇-〇〇〇〇
　　　　　　　　　　　　　　（請求人との関係　社会保険労務士）

つぎのとおり、審査請求します。

被保険者もしくは被保険者であった者	住　　所	〇〇県〇〇市〇〇町〇-〇-〇	「記号および番号」欄には、被保険者証・年金手帳・年金証書の記号番号を記入してください。
	氏　　名（ふりがな）	（〇〇〇〇）〇〇〇〇	
	生年月日	平成〇年〇月〇日	
	記号および番号	－	
	事業所名所在地		電　話
給付を受けるべき者	住　　所		被保険者もしくは被保険者であった者の死亡にかかる給付について、審査請求をする場合にだけ記入してください。
	氏　　名（ふりがな）		
	生年月日		
	死亡者との続柄		
原処分者	所在地	東京都千代田区霞ヶ関1-2-2	あなたが不服とする処分をした保険者等の代表者名を記入してください。
	名　　称	厚生労働大臣 日本年金機構理事長 　　　（　　　　　年金事務所） 全国健康保険協会理事長 　　　（　　　　　　　　支部） 健康保険組合理事長 　　　（　健康保険組合　支部） 企業年金基金連合会理事長 　　厚生年金基金理事長 国民年金基金連合会理事長 　　国民年金基金理事長	

事例3　医師との連携で処分変更となった不整脈の事例

原処分があったことを知った日		平成26年8月31日	あなたが不服とする処分をあなたが知った日（その通知書をあなたが受け取った日）を記入してください。
審査請求の趣旨および理由	（審査請求の趣旨）【別紙1】に記載。 （　理　由　）【別紙1】に記載。		あなたが、どんな処分を受けたので不服申立をするのか、その理由および社会保険審査官にどういう決定をしてもらいたいかを、なるべくくわしく記入してください。（別紙に書いても結構です。）
添付資料	（第一号証）障害認定日時（平成23年2月23日現症）診断書 （第二号証）請求日時（平成26年6月4日現症）診断書 （第三号証）請求時　補足意見診断書（○○病院○○医師） （第四号証）請求時添付の病歴就労状況等申立書 （第五号証）身体障害者手帳請求用診断書 （第六号証）ＢＮＰ値検査結果 （第七号証）心電図検査結果（平成21年2月、平成23年4月） （資料1）「心臓突然死のリスク層別化」（東邦大学医学部内科学講座循環器内科学分野　池田隆徳氏） （資料2）請求人の障害認定基準「第11節／心疾患による障害2認定要領（7）」検査所見例示および（9）「②心疾患」および「④難治性不整脈」障害の状態		ここには診断書等を証拠として提出するときに、それ等の文書や物件の名前を列記してください。
委任状	この審査請求については、河村泰英　㊞　を、私の代理人にいたします。 審査請求人氏名＿＿＿＿○○○○＿＿＿＿㊞ 平成　○　年　○　月　○　日 中国四国厚生局社会保険審査官　殿		

【別紙1】

審査請求の趣旨　ならびに　理由

1．審査請求の趣旨

　請求人　○○○○（以下「請求人」という。）の平成26年7月9日に行った障害基礎年金請求（以下、主位的請求（20歳時の認定日請求）及び予備的請求（平成26年6月4日現症）をあわせて「本請求」という。）に対して、保険者は平成26年8月28日付けの文書にて、主位的及び予備的請求における請求人の傷病（不整脈原性右室心筋症（以下、「ARVC」という。）に関し、その障害の程度は「国民年金法施行令別表に定める障害の程度に該当していません。」とし、不支給の決定をした。

　しかしながら、本請求について下記の理由において請求人の障害の状態は、障害認定日当時より国民年金法施行令別表に定める程度に該当していることは明らかであり、保険者の決定は請求人の障害の状態と符合しない。

　よって、請求人の障害の状態を適切に、かつ、公平・公正に審査されるとともに、早急に障害基礎年金の支給決定を行うことを強く求める。

2．審査請求の理由

（1）　本請求は、障害認定基準「第11節／心疾患による障害」にある一部例示「②心筋疾患」及び「④難治性不整脈」の要件を満たすものである。

（2）　本請求に係る疾患は特異であり、請求疾患であるARVCの病質を踏まえて審査されるべきである。また、通常のARVCの治療方法により治療が不能な請求人の障害の程度は、障害認定日前より継続して国民年金法施行令別表に定める障害の程度に該当する症状を呈しているものである。

【理由(1)について】

（1）　本請求は、請求人が認定日前より長期にわたる心疾患をり患しており、認定日より国民年金法施行令別表に定める障害の程度の障害にあるために請求したものである。

　　障害認定基準「第11節／心疾患による障害　2　認定要領(9)」にある例示「②心筋疾患」及び「④難治性不整脈」と本請求にかかる障害の程度を照らし合わすことにより、請求人の障害の状態を判断することができる。

（2）　本請求は、保険者の審査基準の一つである障害認定基準を信ずるならば、障害認定基準で示される「②心筋疾患」及び「④難治性不整脈」のどちらの

例示と照らし合わせても、障害等級2級程度相当である。

（3） 当該認定基準　認定要領「(7)心疾患の検査での異常検査所見」の一部例示と本請求に係る診断書記載内容との照合
　　　　　　　　　（第一号証、第二号証、第三号証、第五号証）（資料2）

- 本請求（主位的及び予備的）に係る診断書記載内容の抜粋

	平成23年2月23日	平成26年6月4日現症
一般状態区分	ウ	ウ
異常検査所見「F」	40%	40%
臨床検査所見	5	5
異常検査所見「A」	無	無
異常検査所見「B」	無	無
異常検査所見「C」	59%	65%
異常検査所見「D」	中等度	中等度
異常検査所見「E」	完全右脚ブロック	完全右脚ブロック
異常検査所見「G」	55.9pg/ml	149.4pg/ml

（4）「②心筋疾患」例示　認定日当時及び平成26年6月4日現症
　　「障害の状態　1」との照合：2級　満たす
　　「障害の状態　2」との照合：2級　満たす
　　　　　　　　　（第一号証、第二号証、第三号証、第五号証）（資料2）

（5）「④難治性不整脈」例示　認定日当時及び平成26年6月4日現症
　　「障害の状態　1」との照合：2級　満たす
　　「障害の状態　2」との照合：2級　満たす
　　　　　　　　　（第一号証、第二号証、第三号証、第五号証）（資料2）

（6）　上記障害認定基準　要領にある、左室駆出率（EF値）を、参考としない場合においても、障害認定基準「第11節／心疾患による障害　2　認定要領(9)」例示「②心筋疾患」及び「④難治性不整脈」に例示されている「障害の状態2」の要領を満たしていることは上記までで明白である。

（7）　ARVCの病質及び請求人の病歴から、請求人はARVCの治療において通常用いられる施術を受けられず、限定された治療となっており、かつ、治療による明らかな改善が見られていない。

また、認定日後8か月を経過した日に作成された身体障害者手帳請求用の診断書の検査結果も上記（4）及び（5）と同様に「障害の状態　2」の要領を満たしている。
（第三号証、第五号証）

　上記までで、本請求に係る診断書にある請求人の障害の程度は、障害認定基準による障害等級2級例示と符合することが明らかである。さらに、下記で述べる長期にわたる請求人の安静を強いられている日常生活を考慮に入れれば、請求人の障害の程度は障害等級2級相当であることに疑いがない。

【理由(2)について①】 　請求人の日常生活について
（1）　請求人の病歴
- 請求人は、高等学校入学時健診において心電図異常を指摘され、Aクリニックを受診（平成18年6月3日）。心室性期外収縮の多発、右心系の著明な拡大、左室機能の低下と診断される。高度な治療を必要とするため、B大学医学部附属病院に転院。
- 転院後の検査の結果、心筋障害が広範囲に及んだARVCと診断される。
- 平成18年8月入院。非常に短時間、病室から出る場合であっても家族の介助が必要であった。退院後より現在まで、終日家族の介護。医師の指示により、ストレスをかけないように著しく温和な生活を保っている。
- 平成23年時（障害認定日当時　初診日から5年経過）、症状の改善はなく、薬物療法導入により症状の悪化は何とか食い止められている。
- 身体的・精神的負担の大きい植込み型除細動器（以下　ICD）治療ができない状態であった。
- 平成25年2月頃まで、咳や痰（血痰、泡沫状痰）、貧血、息切れ等著しい体調不良により早退や欠席がほとんどとなる。そして、通学が不能となり、学校の勧告により退学に至る。

（以上　第三号証、第四号証）

（2）　難治性のARVCの症状に対して適用される治療法としては、通常、カテーテルアブレーションを用いた手術が行われる。
　　しかしながら、請求人は、心臓電気生理学的検査を行うにあたり、持続性心室頻脈の誘発不能であった。そのため、請求人は根本的な治療となるカテーテルアブレーションの施術ができない病態であった。

（第三号証）

（3）障害認定日以後の日常生活

　　食事は、体重40～42kgを保持し、1,500kcalとなるように家族が管理。

　　外出は、1日に自宅周囲の約15分（500m程度）の犬の散歩がやっと。その他はすべて家族の補助が必要。

　　終日にわたり、些細なストレスも避けるため、横臥または座位の状態で過ごす生活を強いられている。主な症状は、頻繁な腹水貯留、むくみ、息切れ、黄土色の顔色。家族は、食事、体重、むくみ、腹水の貯留の程度などの管理を発症当時より行っている。

> 自宅内の活動は、一行動ごとに休憩を取らないと次の行動を起こせない程度。
> 祖母および母親が看護師のため、看護学的知識によりかろうじて自宅療養が可能の状態である。

(第四号証)

（4）国民年金法施行令別表2級15号「前各号に掲げるもののほか、身体の機能の障害又は長期にわたる安静を必要とする病状が前各号と同程度以上と認められる状態であって、日常生活が著しい制限を受けるか、又は日常生活に著しい制限を加えることを必要とする程度のもの」とされている。

　　しかるに、上記（1）～（3）に加え、請求人は発症時から医師より、「極めて厳格な活動制限と穏当な生活」を送るようにとの指示を受けている。

　　よって、発症から約8年間にわたる長期に、治療が行えず、家族の介助無くして生活が送れず、些細なストレスが死につながる状態は国民年金法施行令別表2級15号を符合することは明らかである。

(第一号証、第二号証、第三号証)

【理由(2)について②】　請求人のARVCの病質

（1）請求人の認定日当時の医学的所見

- 平成23年時、NYHA　Ⅲ度相当
- 多源性心室性期外収縮の頻発
- 著明な心拡大、心電図異常（右軸偏位及び右脚ブロック）、著明な心室拡大（心胸郭比60％）及び壁運動の高度低下、さらに、左室収縮機能の中～高度障害（駆出率35～40％）を合併していた
- 一時、BNP値773.0pg/ml。

(第三号証、第七号証)

- 身体的、精神的に負担が大きいためにICD治療はできなかった
- 左室機能障害も合併しているため息切れ症状など左心不全症状も認められ、<u>両心不全の状態</u>

　　　　　　　　　　　　　　（第一号証、第二号証、第三号証、第六号証）

（2）　ARVCの病質
- ARVCは不整脈原性右室異形成症が進行し、特定心筋症に発展した病態であり、ポンプ機能の低下による心不全が強く、危険な不整脈が生じ、突然死しやすい心筋症である。若年者に不整脈による突然死が特に多いとされている。
- ARVCは、右室心筋の繊維化や脂肪変性により右室拡大や機能低下を生じ、<u>危険な不整脈を誘発</u>する疾患である。
- 多源性心室期外収縮は、心室性であること、重篤な心奇形があること、多源性がリスクとなり、心室頻脈に移行しやすい不整脈である。
- 心イベントの関連で有用性が最も高いのはBNPであり、高度に上昇した患者の予後は極めて不良とされており、心不全死のみならず心臓突然死をきたしやすい。　　　　　　　　　　　　　　　　　　　　　　　　　（資料1）
- 心胸郭比（＞60％）では心臓死が多いとされている。
- 右心不全：右室に過剰な負荷が加わって静脈圧の上昇によって生ずる静脈怒張、肝脾怒張、肝脾腫大、下肢浮腫、腹水ならびに食欲不振などの消化器症状を生じる。
- 左心不全：肺静脈、肺毛細管圧の上昇やうっ血によって生ずる呼吸困難、起座呼吸・夜間発作性呼吸困難を生じる。

（3）　請求人の病質
　　　一般の不整脈と異なり、突然死の危険性が著しく高く、<u>安静時や軽労作時においても突然死を生じる</u>。さらに、主治医の所見では「<u>突然死予防には限界がある</u>」とされ、常に突然死の恐怖の中に日常生活を送っており、請求人並びに家族は日々、突然死の回避のための管理を強いられている。
　　　また、NYHA　Ⅲは、「身体活動が高度に制限され、普通以下の身体活動で疲労、動悸、呼吸困難または狭心痛をきたす」重症度である。請求人は、発症時より軽労作で身体症状を生ずることを認識しており、8年以上の長期にわたり日常生活の著しい制限を強いられていた。
　　　しかしながら、主治医、家族の細心の管理及び看護があっても、BNP値の異常な上昇（773.0pg/mℓ）等生命の危険を生じている。

（第三号証、第六号証、第七号証）

（4） 本請求に係る請求人の障害の程度
　　ARVC の病質そのものは、安静時でも突然死に至りやすい等の特異性がある。請求人の ARVC の症状は、さらに、病状が進行しており、多源性期外収縮及び両心不全の状態である。制限された日常生活が長期間にわたって常態となっている。
　　「極めて厳格な活動制限と穏当な生活を送る必要がある」や「突然死予防には限界がある」と言わしめる主治医の医学的所見である診断書を今一度ご確認いただきたい。
　　改めて、主治医の「突然死予防には限界がある」との所見をここに明示したい。

　上述までのように、認定日以前より著しく制限された日常生活を送りつつも、重篤な障害のために突然死の危険を保持し続けている請求人は、当然に国民年金法施行令別表2級15号の十分な要件を満たしている。
　本請求が障害認定の公平性を保つための障害認定基準の要領を満たしているにもかかわらず、障害の程度に該当していないとする保険者の決定は到底納得できる認定ではない。審査請求においては、「認定の公平性」に基づいた認定を求めるものである。

　上記までの理由により、不当な原処分を一刻も早く取り消し、認定日（平成23年1月26日）時から2級15号とする障害基礎年金の支給の決定がなされることを強く求めます。

結果とまとめ

　結果は、保険者の決定変更により、審査請求取下書を地方厚生局に提出しました。請求人は認定日請求が認められ、障害基礎年金2級の受給が決定しました。

　認定基準に請求傷病と合致する認定要項の記載があるが判断が難しい、さまざまな医証はあるが読み取ることが困難（医学的な事象の判断は医師でない者が行うべきではないと筆者は考えます）、症状や情報が多すぎて審査請求の力点が定められない等の場合は、ご意見を伺うなどの方法で医師のお力をお借りしてみてはいかがでしょうか。請求人の障害について、どんな症状であり、どんな困難があり、どんな支援が必要であり、どんな進行がある等々の情報を得ることができれば、審査請求書作成において審査官に伝えるべき情報が明確になり、審査官が審査できる（欲する）素材を提供できます。

　この事案は、国年令別表（または認定基準）から判断して障害等級に該当することを求めたオーソドックスな形式です。しかし、この審査請求書が出来上がる前は、分類が困難または分類できない多くの情報がありました。審査官が公平に審査できる文章に仕上がったのは、主治医のご協力が多分にあります。

　この請求作業を通してご協力をいただいた主治医の文書作成時間の省略に力添えができ、さらに主治医の思いを保険者に伝えることができました。結果として障害年金の受給が叶った事案でした。

巻末資料

審査請求・再審査請求理由全文

（第4章 事例1・2）

第4章 事例1　審査請求理由全文

審査請求の趣旨および理由

1．審査請求の趣旨

(1) 平成25年9月17日付貴文書「国民年金・厚生年金保険障害給付の不支給決定について」を受領しましたが、決定に不服があり、審査請求をいたします。

(2) 支給しない理由

> （理由）
> 　請求のあった傷病（卵巣疾患）について、障害認定日である平成25年5月9日現在の障害の状態は、国民年金施行令別表（障害年金1級、2級の障害の程度を定めた表）・厚生年金保険法施行令別表第1（障害年金3級の障害の程度を定めた表）に定める程度に該当していません。

(3) 審査請求の趣旨

> 　平成25年5月9日現在の障害の状態は、国民年金施行令別表に定める障害年金2級もしくは厚生年金保険法施行令別表第1定める障害年金3級の程度に該当していると主張する。

2．審査請求の理由

(1) 障害の等級に該当するか否かは障害認定基準に則って判断されるべきである。当方は、病期、手術歴、化学療法が明確に記載された診断書を添付しており、また、診断書にはそれらの施行にともなう障害の状態、日常生活の制限、一般状態区分も明確に記載されている。当方は、これらを障害認定基準と照らし合わせて、障害の状態に該当すると判断して、請求をしたものである。

(2) 他の事案と比較しても、本件が不支給となる理由が見当たらない。

　　　以下、詳述いたします。

【理由(1)の根拠】
　a．障害認定基準によると、悪性新生物による障害の「認定に当たっては、組織所見とその悪性度、一般検査及び特殊検査、画像診断等の検査成績、病状の経

過と治療効果等を参考とし、認定時の具体的な日常生活状況等を把握して、総合的に認定する」と記載されている。

〈ご参考〉悪性新生物による障害

> ア　悪性新生物そのものによって生じる局所の障害
> イ　悪性新生物そのものによる全身の衰弱または機能の障害
> ウ　悪性新生物に対する治療の効果として起こる全身衰弱または機能の障害

つまり、悪性新生物による障害とは、全身の衰弱をみるのであり、この「衰弱又は機能障害のため、一般状態区分表のエ又はウに該当するもの」が２級の障害の程度に相当し、「著しい全身倦怠のため、一般状態区分表のウ又はイに該当するもの」が３級の障害に相当するとされている。

〈ご参考〉一般状態区分表

> ウ　歩行や身のまわりのことはできるが、時に少し介助が必要なこともあり、軽労働はできないが、日中の50％以上は起居しているもの

b．平成25年５月10日現症の障害の状態

　Ａ病院のＢ医師の平成25年５月10日作成の診断書（資料Ⅰ）には、平成25年５月10日現症として、以下が明記されている。

項番⑨　平成23年11月　　　　　　　リンパ節生検施行
　　　　平成23年12月　　　　　　　子宮附属器悪性腫瘍手術施行
　　　　平成23年12月～平成24年７月　化学療法８コース施行

項番⑩　両手両足のしびれ、全身の倦怠感、動悸、息切れ、長時間の歩行困難
項番⑫　一般状態区分　ウ
項番⑮　（自覚症状）
　　　　抗がん剤の副作用による全身の倦怠感が著しい。
　　　　関節痛、しびれのため足に感覚がない。
　　　　動悸、息切れがして、長時間の歩行に難を伴う。
　　　　手のしびれ・痛みで巧緻性を要する作業が困難。
　　　　（他覚所見）
　　　　手のしびれ・痛みのため、触覚確認にても非常に鈍い状態であり、足

のしびれ・痛みのため、触覚確認にても非常に鈍く、感覚が非常に鈍化している。
また、しびれ感が強いため、ちょっと接触しただけで、ビリビリ感が非常に強い。

項番⑯ 痛みのため、体を思うように動かせない。
わずかな歩行でも息苦しくなる。足のしびれのため長時間の歩行ができない。
倦怠感で、自宅でも少し動くとソファーに横になる。気力・集中力が低下。
重い物が持てない。
炊事、掃除、洗濯等、家事は家族の支援を受けなければ一人ではできない。
足のしびれのため慣れた場所以外への外出は控えている。会社からも控えるよう言われている。業務が制限された。
現在の状態からみて、就労はかなり厳しい状態と考える。

項番⑰ 不詳

c．よって医師も診断書項番⑫において一般状態区分をウと判定している。これだけの記載があるにもかかわらず、障害等級に該当しないとして不支給の決定がなされたことは妥当性がないとしか言いようがない。

d．さらに、診断書項番⑯を再度注視していただきたい。
- 痛みのため、体を思うように動かせず、足のしびれのため長時間の歩行ができない。
- 動悸・息切れのため、わずかな歩行でも息苦しくなる。
- 倦怠感で自宅でも少し動くとソファーに横になる。気力・集中力が低下している状態。

であり、したがってADLは、
- 重い物が持てず、炊事、掃除、洗濯等、家事は家族の支援を受けなければ一人ではできない。外出は控えている。会社では業務が制限されている状態。

かつ、主治医のB医師としては、就労はかなり厳しい状態と記載している。

e．以上から、請求人の障害認定日の状態は日常生活および労働に相当の制限があり、2級あるいは少なくとも3級に該当していると言わざるを得ない。

【理由(2)の根拠】
他の事案と比較しても、本件が不支給になる理由が見当たらない。むしろ、病

期・ADL を考慮すると病状は悪いともいえる。

〈診断書記載内容の比較〉

	本件	1111-111111	2222-222222	3333-333333
現症日	H25.5.10	H24.9.24	H24.7.11	H23.3.9
部位	卵巣	子宮	肺	両側乳房
再発 転移	転移	転移		再発
一般状態区分	ウ	ウ	ウ	ウ
臨床所見（自覚症状）				
疲労感	有	有	有	著
動悸	有	有	有	有
息切れ	有	有	有	著
発熱	無	有		有
関節症状	有	有	著	無
易感染性	無	有		有
臨床所見（他覚所見）				
リンパ節膨張	有	記載なし	無	無
出血傾向			無	無
紫斑			無	無
肝腫			無	無
脾腫			無	無
血液検査成績				
赤血球	446	234	320	369
ヘモグロビン濃度	13.2	7.4	10.7	10.0
ヘマトクリット	46.2	22.5	31.9	32.6
白血球			3,270	3,700
血小板				25.8
血清総蛋白	6.9	6.8	6.7	
血清アルブミン	4.6	4.6	3.4	
予後	不詳	不詳	不良	不詳
障害等級	不支給	3級	2級	2級

　審査官におかれては、保険者の誤った決定をただし、大義ある決定を下されんことを切に望むものであります。

第4章 事例1　再審査請求理由全文

再審査請求の趣旨および理由

1．再審査請求の趣旨

　厚生労働大臣が平成25年9月17日付で再審査請求人（以下、請求人という）に対して下した「国民年金・厚生年金保険障害給付の不支給決定について」に対し、平成25年10月29日付で、当該決定に対する審査請求をいたしました。今般、審査請求に対して、平成26年4月21日付の棄却の決定通知を受領しましたが、当該決定につき、なお不服がありますので、再審査請求を行います。

(1)　平成25年9月17日付「国民年金・厚生年金保険障害給付の不支給決定について」の内容

> （理由）
> 請求のあった傷病（卵巣疾患）について、障害認定日である平成25年5月9日現在の障害の状態は、国民年金法施行令別表（障害年金1級、2級の障害の程度を定めた表）・厚生年金保険法施行令別表第1（障害年金3級の障害の程度を定めた表）に定める程度に該当していません。

(2)　本件再審査請求に至る経緯

平成25年7月18日	年金請求書（国民年金・厚生年金保険障害給付）提出
平成25年9月17日付	国民年金・厚生年金保険障害給付の不支給決定について受領
平成25年10月29日付	審査請求書提出
平成26年4月21日付	審査請求決定書受領

2．再審査請求の理由
　　　―審査請求決定書において内容を不服とする点

(1)　障害等級2級に該当するものとされる「日常生活が著しい制限を受けるか、又は日常生活に著しい制限を加えることを必要とする程度のもの」および障害等級3級に該当するものとされる「労働が制限を受けるか、又は労働に制限を加えることを必要とする程度の障害を有するもの」に該当していると認めるこ

とは困難であるとして結論付けている点。
　　請求人の障害の状態は、2級あるいは少なくとも3級に該当すると主張する。
(2) 他の支給決定を受けた事案と比較しても、著しく公平性を欠く結果となっている点。

3．審査請求決定書の中で争点としない部分
- 障害の程度の具体的認定にあたっては「国民年金・厚生年金保険　障害認定基準」により取り扱うとしている点。
- 審査官は、A病院 B医師の平成25年5月10日作成の診断書（資料Ⅰ）について、項番⑫一般状態区分表がウと判定されていることおよび労働能力に関する記載は認め難いとしているが、診断書のその他の箇所については特に異議を唱えていない点。

以下、再審査請求の理由につき、詳述いたします。

【理由(1)の根拠】
a．審査官は、障害認定基準の障害等級2級の例示「衰弱又は障害のため、一般状態区分表のエ又はウに該当するもの」および障害等級3級の例示「著しい全身倦怠のため、一般状態区分表のウ又はイに該当するもの」に相当しているとは認め難いとしている。

〈ご参考〉障害認定基準 一般区分表

> ア　無症状で社会活動ができ、制限を受けることなく、発病前と同等にふるまえるもの
> イ　軽度の症状があり、肉体労働は制限を受けるが、歩行、軽労働や座業はできるもの　例えば、軽い家事、事務など
> ウ　歩行や身のまわりのことはできるが、時に少し介助が必要なこともあり、軽労働はできないが、日中の50％以上は起居しているもの
> エ　身のまわりのある程度のことはできるが、しばしば介助が必要で、日中の50％以上は就床しており、自力では屋外への外出等がほぼ不可能となったもの
> オ　身のまわりのこともできず、常に介助を必要とし、終日就床を強いられ、活動の範囲がおおむねベッド周辺に限られるもの

審査官は、請求人の状態が一般状態区分表の「イ」、「ウ」、「エ」のいずれにも相当しないとして2級もしくは3級不該当と結論付けている。
　ということは、請求人の一般状態区分は「ア」と判断されたことになる。以下、審査官のいうように請求人の状態が「ア」に相当する程度のものであるかについて検討する。

〈ご参考〉診断書の主な記載

診断書項番	項　目	記載内容
⑩	現在の症状	両手・両足のしびれ、全身倦怠感、動悸息切れ、長時間の歩行困難
⑫	一般状態区分表	ウ　歩行や身のまわりのことはできるが、時に少し介助が必要なこともあり、軽労働はできないが、日中の50％以上は起居しているもの
⑮1(1)	自覚症状	抗がん剤の副作用による全身の倦怠感が著しい。 関節痛、しびれのため足に感覚がない。 動悸、息切れがして長時間の歩行に難を伴う。 手のしびれ・痛みで巧緻性を要する作業が困難。
⑮1(2)	他覚所見	手のしびれ・痛みのため、触覚確認にても非常に鈍い状態であり、足のしびれ・痛みのため、触覚確認にても非常に鈍く、感覚が非常に鈍化している。 また、しびれ感が強いため、ちょっと接触しただけで、ビリビリ感が非常に強い。
⑯	現症時の日常生活活動能力及び労働能力	痛みのため、体を思うように動かせない。 わずかな歩行でも息苦しくなる。足のしびれのため長時間の歩行ができない。 倦怠感で、自宅でも少し動くとソファーに横になる。気力・集中力が低下。重い物が持てない。 炊事、掃除、洗濯等、家事は家族の支援を受けなければ一人ではできない。 足のしびれのため慣れた場所以外への外出は控えている。 会社からも控えるよう言われている。業務が制限された。 現在の状態からみて、就労はかなり厳しい状態と考える。

b．審査官は上記の判断の根拠として以下の点を挙げている。

- 主症状は末梢神経障害性疼痛・しびれ感であり、認定の対象ではない。
- 血液・生化学検査が基準値内に収まっており、転移している事実が認められないことから、症状は安定している。
- 就労可能な職種の範囲が相当な程度に制限されるものに相当しない。

〈ご参考〉悪性新生物による障害

> ア　悪性新生物そのものによって生じる局所の障害
> イ　悪性新生物そのものによる全身の衰弱または機能の障害
> ウ　悪性新生物に対する治療の効果として起こる全身衰弱または機能の障害

c．主症状が末梢神経障害性疼痛・しびれ感であるとの指摘はまったく当たらない。先ほど掲げたＢ医師の診断書項番⑩に、現在の症状として、「全身倦怠感、動悸・息切れ」と記載されている。また、項番⑮には医師が認めた自覚症状として、「抗がん剤の副作用による全身の倦怠感が著しい。動悸、息切れがして長時間の歩行に難を伴う」と明記されている。さらに、項番⑯において、「長時間の歩行ができない。倦怠感で、自宅でも少し動くとソファーに横になる。炊事、掃除、洗濯等、家事は家族の支援を受けなければ一人ではできない」とあり、これで主症状が全身の倦怠感ではないという審査官の思考そのものに疑問を感じる。

d．次に、審査官は「血液・生化学検査が基準値内に収まっており、転移している事実が認められないことから、症状は安定している」ので障害等級に該当しないと判断しているが、これも当たらない。

　障害認定基準によると、悪性新生物による障害の認定に当たっては、「組織所見とその悪性度、一般検査及び特殊検査、画像診断等の検査成績、転移の有無、病状の経過と治療効果等を参考にして、具体的な日常生活状況等により、総合的に認定する」と記載されている。これは、検査成績等はあくまでも参考であり、呼吸器疾患や心疾患のように検査数値により障害等級を決定するものではないと解することができる。したがって、審査官の決定は「総合的に判断した」とは言い難い。

　前掲の診断書項番⑩、⑮、⑯を繰り返すまでもなく、請求人は抗がん剤の副作用による全身の倦怠感により日常生活に著しい制限を受けていることは明らかである。

　また、【理由(2)の根拠】で述べるように、検査数値が基準値内あるいは再発していない場合でも、衰弱状態をみて、障害等級に認定されている事案がある。

　つまり、請求人の症状は安定しているのではなく、悪い状態で固定していると見るべきである。これで、全身の倦怠感がないとの判断はどこから出てきたのであろうか。

e．労働能力に関して、審査官は、通勤状況や就労時間を挙げて、「就労可能な職種の範囲が相当な程度に制限されるものに相当しない」としているが、実際に、平成24年2月～7月および7月～11月は休職している。また、病歴・就労状況等申立書（資料Ⅲ）に記載されているように「毎日夕方になると疲労が激しく、思考することが難しくなる」、「就業時間中に休息を取らせてもらうことがある」という状況であり、請求人の業務の質・幅およびスピード、ひいては業務量の低下を余儀なくされており、職場の周囲の手厚い理解・支援のもと勤務が続けられているとみるのが妥当である。なお、審査官が注視している「40分かけて通勤」の記載に関し、実際は、会社で車通勤は認められていないが、請求人はほとんど車で通勤し、会社から歩いて1、2分の駐車場に車を停めて、そこから会社まで歩いている。

f．この状況から、医師は診断書項番⑯において、会社での「業務が制限された」、「現在の状態からみて就労はかなり厳しい状態と考える」との所見であり、これに反対する審査官の医学的根拠のない主張は到底容認できない。

以上から、請求人の状態「ア」に該当するとした保険者および審査官の決定は容認できず、障害等級は2級か少なくとも3級に該当する強く主張するものであります。

【理由(2)の根拠】

g．検査数値が基準値内あるいは再発していない場合でも、衰弱状態をみて、障害等級に認定されている事案があり、本件は他の支給決定を受けた事案と比較しても、著しく公平性を欠く結果となっている。

	本件	1111-111111	2222-222222	3333-333333
現症日	H25.5.10	H26.4.3	H24.7.11	H23.3.9
部位	卵巣	肺	肺	両側乳房
再発 転移				再発
一般状態区分	ウ	ウ	ウ	ウ
臨床所見（自覚症状）				
疲労感	有	有	有	著
動悸	有	有	有	有
息切れ	有	有	有	著
発　熱	無	無		有
関節症状	有	有	著	無
易感染性	無	有	有	有
臨床所見（他覚所見）				
リンパ節膨張	有	記載なし	無	無

出血傾向			無	無
紫斑			無	無
肝腫			無	無
脾腫			無	無
血液検査成績				
赤血球	446	358	320	369
ヘモグロビン濃度	13.2	11.7	10.7	10.0
ヘマトクリット	46.2	35.3	31.9	32.6
白血球			3,270	3,700
血小板				25.8
血清総蛋白	6.9	6.4	6.7	
血清アルブミン	4.6	3.4	3.4	
予後	不詳	判断困難	不良	不詳
障害等級	不支給	3級	2級	2級

　審査会におかれては、すべての資料をご高覧のうえ、大義ある決定を下されんことを切に望むものであります。

第4章 事例2 再審査請求理由全文

【再審査請求の趣旨および理由】(※理由については後で変更した)

(再審査請求の趣旨)

　脳血管疾患について、平成25年10月18日付で「相当因果関係のない傷病(指定難病疾患)が混在しており、当該請求傷病のみの障害の状態を認定することができないため」却下された。その後に行った審査請求も平成26年4月25日付で棄却された。次の理由から不服であり、再審査請求人(次「請求人」という。)に障害基礎厚生年金の支給を求め、再審査請求いたします。

(再審査請求の理由)

　審査請求の理由に次の通り付け加えます。

　初めて2級請求として基準障害を指定難病疾患としても、裁定請求時に提出した診断書で障害認定日請求が可能となるものである。請求人の立場に立ってご判断いただきたい。

　最初に診断書を作成した医師は、請求人の障害の状態について、脳血管疾患が障害の原因となったと考えている。

　いくつかの病気を有する場合に、症状や体調を病気別に切り分けることは、現在の医学では不可能である。

　診断書の「①障害の原因となった傷病名」以外の欄に別の病名が記載されているから却下するというのは、一般国民の常識からはあまりにもむごい仕打ちである。特に請求人は平成3年4月1日から1日も途切れることなく年金制度に加入し、真面目に保険料を払ったり免除手続きを行ったりして、年金制度を支えてきたことが一目瞭然である。

　指定難病疾患が障害の状態に影響を及ぼしていると一見してわかるなら、年金事務所の受付段階で初めて2級請求を勧めたと考えられるが、診断書はそのように作成されていないため、年金事務所の受付担当者も責められるべきではない。

　今回請求した脳血管疾患、指摘された指定難病疾患、いずれも初診日は厚生年金加入中であり、指定難病疾患を基準傷病として初めて2級請求でも厚生年金での手続きは可能である。

　平成23年6月以後、労働能力を喪失しADLが悪化している請求人が、年金制度に加入していてよかったと実感できるような判断をお願い申し上げます。

　なお、本件の経緯について、現在も通院中のC病院の神経内科の主治医である○

○○○医師に話したところ「障害年金の請求に協力する」と回答があり、近日中に請求人の状態と指定難病疾患との関連について意見書をいただく予定です。書類を入手次第、提出いたしますので、ご高配賜りますよう合わせてお願い申し上げます。

以上

【再審査請求の趣旨および理由】(※最初に提出してから2か月弱で提出)

(再審査請求の趣旨)

　脳血管疾患について、平成25年10月18日付で「相当因果関係のない傷病（指定難病疾患）が混在しており、当該請求傷病のみの障害の状態を認定することができないため」却下された。その後に行った審査請求も平成26年5月30日付で棄却された。次の理由から不服であり、再審査請求人（次「請求人」という。）に障害基礎厚生年金の支給を求め、再審査請求いたします。

(再審査請求の理由)

　請求人の兄・診断書作成医の意見を聴取した結果、平成26年6月19日に受け付けられた再審査請求書に添付した理由は取り消します。審査請求の理由に次の理由を追加ください。

　現在の障害の状態は主として脳血管疾患によるもので、裁定請求時に提出した診断書により請求人の立場に立ってご判断頂きたい。

　裁定請求時の診断書を作成したB病院の副院長○○○○医師は、請求人の障害の状態について、脳血管疾患が障害の原因となったと考えている。今回、当該診断書を補足する文書を入手したので添付する（資料1）。

　いくつかの病気を有する場合に、症状や体調を病気別に切り分けることは、現在の医学では不可能である。

　平成25年9月7日にC病院が作成した回答の下から3行目からは「現在、指定難病疾患の後遺症である軽度認知機能低下・右顔面麻痺・視力低下・眼球運動障害と脳出血後遺症である左不全片麻痺が残っている」と記載されている。

　裁定請求時に提出した診断書における障害の状態は「指定難病疾患の後遺症である軽度認知機能低下・右顔面麻痺・視力低下・眼球運動障害」によりADLは低下しているが、それにより車椅子使用を余儀なくされるものではない。指定難病疾患が現在の障害の状態に及ぼす影響は脳血管疾患に比べて大きくない。

　今回請求した脳血管疾患、指摘された指定難病疾患、いずれも初診日は厚生年金加入中である。診断書の「①障害の原因となった傷病名」以外の欄に別の病名が記

載されているから却下するというのは、一般国民の常識からはあまりにもむごい仕打ちである。特に請求人は平成3年4月1日から1日も途切れることなく年金制度に加入し、真面目に保険料を払ったり免除手続きを行ったりして、年金制度を支えてきたことが一目瞭然である。

　指定難病疾患が現在の障害の状態に影響を及ぼしていると一見してわかるなら、年金事務所の受付段階で診断書に病名を加筆するよう勧めるか、初めて2級請求を勧めたと考えられるが、年金事務所の受付担当者は医療の知識があるわけではなく、対応について責められるべきではない。

　平成23年6月以後、労働能力を喪失しADLが悪化している請求人が、年金制度に加入していてよかったと実感できるような判断をお願い申し上げます。

以上

【再審査請求の追加理由】（※２回目の提出から３週間弱で提出）

（再審査請求の追加理由）

　診断書作成医の意見を聴取し、請求人本人・請求人の母・請求人の兄と面談した結果、再審査請求の理由に次の内容を追加する。

1．現在の障害の状態は主として脳血管疾患によるもので、裁定請求時に提出した診断書により請求人の立場に立ってご判断頂きたい。

　　裁定請求時の診断書を作成したＢ病院の副院長○○○○医師（次「○○医師」という。）は、請求人の障害の状態について、脳血管疾患が障害の原因となったと考えている。今回、診断書を補足する文書を入手したので添付する（資料１）。

　　なお、再審査請求書の別紙で記載した内容について、次の通りご変更くださいますようお願い申し上げます。

	変更前	変更後
①既に発している傷病	脳血管疾患	脳梗塞（指定難病疾患症状）
①の初診日	平成23年8月11日	平成21年5月19日
②基準傷病	指定難病疾患	脳血管疾患
②の初診日	平成23年12月22日	平成23年8月11日
理　由	○○医師から、平成21年5月18日頃に生じた症状が指定難病疾患によるものだった可能性があると聴取したため。	

2．労働不能、日常生活のすべてに介助が必要な状況である。
　　本人に希望を持たせるため、身障者手帳や障害年金の診断書作成時に「できない」ことを強調していないが、本人・家族から聴取した内容は次の通り。

内　容	詳　細
全　般	・両親と同居し、母が介助する。母は就労していたが、平成25年5月に退職し、介助している。 ・日常生活は全介助であり、家事を含め完全に労働不能。家事は母が行う。 ・左側がずっとしびれている。意図せずに動くため、介助している母に思わぬけがを負わせることもある。 ・常に揺れている感覚があり、座位であっても前に屈むことができない（具合が悪くなる）。

	・1日おきに指定難病疾患の皮下注射を行い、そのたびに発熱し消耗する。発熱していると入浴できないため、入浴は週1回。 ・自宅内はすべて手すりをつけて時間をかけ何とか歩行しているが、立位を保持できず、腕を上げることも困難なため、家事を手伝うことはできない。 ・眼鏡を使用するが複視でうまく見えないため、右側のレンズにシールを貼って左眼だけを使用する。虫が常に飛んでいるように感じる。右眼は自分の意思で瞼を閉じることがまったくできない。 ・本を読めない。音をうまく聞き分けることができないため、大人数での会話は不可。テレビを2時間弱聞くような状況。 ・入眠に際して掛布ができない。睡眠中は母が定期的に見守りを行っている。
(1)適切な食事摂取	全介助。コーヒーにミルク・砂糖を入れて混ぜることもできない。握力・腕力がなく、器を思うように持てない。口の感覚も発病前と異なり、思うように噛んだりできない。
(2)身辺の清潔保持	瞼を閉じたり屈んだりできないため、自分で洗面できない。小さなタオルで顔を拭く。腕を自由に動かせず、衣類をかぶることができない。ズボンのウェストはゴムでないと着脱衣不能。
(3)金銭管理と買物	母が行う。外出は通院のみ。
(4)通院と服薬(要)	通院の必要性は理解しているので、母が同行して、通院する。内服薬は処方されていないが、1日おきに指定難病疾患の皮下注射を行う。それも母が準備する。
(5)他人との意思伝達及び対人関係	家族以外との交流はない。
(6)身辺の安全保持及び危機対応	家族がいないと自宅から外出できないため、危機対応は独力で不可能。
(7)社会性	母が行い、兄も手伝う。

以上

最 後 に

　審査請求書・再審査請求書の書き方には、決まりはありません。一つひとつの事案において、企画立案し、その企画書を書きます。本書において、4名の社労士が審査請求書の作り方を紹介しましたが、それぞれ個性があることを知っていただけたかと思います。

　争点整理の仕方や構成に関していえば、争点を先出しし、そのあとに争点ごとの理由を説明するスタイルは、読みやすいですし、請求人側としても書きやすいです。もちろん、冒頭から一連の文章として書いていくスタイルでも、審査側に伝われば問題ありません。争点の多さや論述のしやすさ、書きやすさなどを考慮して、書き方は変えていけばよいわけです。

　資料の集め方も千差万別です。たとえば、医師の意見を取ろうとした場合、質問形式にするのか作文形式にするのか、その事案に適した資料は何かを考えて整備していくことになります。図表や医学文献等が重要な資料になることも忘れてはいけません。

　また、裁定請求からかかわるときには、審査請求・再審査請求まで見据えた準備をしますが、審査請求・再審査請求から相談・受任することもあります。その場合には、当初の裁定請求時に提出した資料の収集と分析から始めますが、やることは同じであり、審査側に納得してもらうだけの資料収集と立証ができるかということです。

　審査請求書・再審査請求書の作り方で悩んだときは、少し時間を空けてから再度考えてみるのもよいものです。ひらめきは突然にやってきます。本書がみなさまのひらめきや今後の実務の参考になり、その結果、相談者・依頼人の利益につながってくれれば大変うれしく思います。

　　　　　　　　　　　　　　　　　　　　2019年4月　筆者を代表して　高橋裕典

◆ 著者略歴 ◆

●社会保険労務士　髙橋 裕典（たかはし やすのり）（1・2・3章執筆）

法政大学法学部卒業後、平成20年3月まで社会保険庁（現：日本年金機構）に勤務し、年金関係業務に従事。退職後、平成20年に髙橋社会保険労務管理事務所を開業。企業の人事労務管理相談、障害年金を中心とした年金関係業務、執筆・講演など精力的に活動している。主な著書に『4訂版 はじめて手続きする人にもよくわかる障害年金の知識と請求手続ハンドブック』（日本法令）、『就労にまつわる障害年金請求・相談のポイント』（日本法令、共著）がある。

●社会保険労務士　宇代 謙治（うしろ けんじ）（4章 事例1執筆）

年金相談プラザ 宇代社会保険労務士事務所代表、埼玉県社労士会障害年金部会リーダー、社労士成年後見センターさいたま監事。障害年金と成年後見をメインに活動。主な著書に『鈴木さんちの障害年金物語』『社労士のための成年後見実務』『就労にまつわる障害年金請求・相談のポイント』（日本法令、共著）がある。

●特定社会保険労務士　佐々木 久美子（ささき くみこ）（4章 事例2執筆）

青山学院大学国際経済学科卒業。9年弱の㈱三菱銀行勤務後、平成16年9月に大田区で社会保険労務士事務所を開業。障害年金を専門にし、パーキンソン病・化学物質過敏症・発達障害など傷病名を限定せず裁定・審査・再審査請求を手がける。「みんなを助ける！お金のしくみ」と題して年金について説明する等、学校教育にも携わる。著書に『知ってほしい障害年金のはなし』（日本法令）がある。

●社会保険労務士　河村 泰英（かわむら やすひで）（4章 事例3執筆）

証券会社や玩具店、青果店に勤務後、平成19年社労士資格を取得。平成20年に河村社会保険労務士事務所（現、河村年金サポート事務所）を開業。平成23年に社労士法人イージス設立（同時に、徳山労働保険事務組合 理事長就任）。社会保険関係業務では主として障害年金業務を行い、年金請求手続や不服申立に携わっている。

事例でわかる　障害年金 審査請求・
再審査請求の進め方と請求関係書類の
書き方・まとめ方　　　　2019年4月20日　初版発行

検印省略

著　者	高　橋　裕　典
	宇　代　謙　治
	佐々木　久美子
	河　村　泰　英
発行者	青　木　健　次
編集者	岩　倉　春　光
印刷所	東光整版印刷
製本所	国　　宝　　社

〒101-0032
東京都千代田区岩本町1丁目2番19号
https://www.horei.co.jp/

（営　業）TEL　03-6858-6967　　Eメール　syuppan@horei.co.jp
（通　販）TEL　03-6858-6966　　Eメール　book.order@horei.co.jp
（編　集）FAX　03-6858-6957　　Eメール　tankoubon@horei.co.jp

（バーチャルショップ）https://www.horei.co.jp/iec/
（お詫びと訂正）https://www.horei.co.jp/book/owabi.shtml

※万一、本書の内容に誤記等が判明した場合には、上記「お詫びと訂正」に最新情報を掲載しております。ホームページに掲載されていない内容につきましては、FAXまたはEメールで編集までお問合せください。

・乱丁、落丁本は直接弊社出版部へお送りくださればお取替えいたします。
・JCOPY 〈出版者著作権管理機構 委託出版物〉
本書の無断複製は著作権法上での例外を除き禁じられています。複製される場合は、そのつど事前に、出版者著作権管理機構（電話03-5244-5088、FAX 03-5244-5089、e-mail: info@jcopy.or.jp）の許諾を得てください。また、本書を代行業者等の第三者に依頼してスキャンやデジタル化することは、たとえ個人や家庭内での利用であっても一切認められておりません。

Ⓒ　Y. Takahashi, K. Ushiro, K. Sasaki, Y. Kawamura 2019. Printed in JAPAN
ISBN 978-4-539-72670-9